U0449103

图解 **精益制造**081

用户价值感知力

独創商品に見るヒットの本質

日本日经制造编辑部 著
赵婉琳 译

人民东方出版传媒
People's Oriental Publishing & Media
東方出版社
The Oriental Press

图字：01-2021-7067 号

Copyright © 2011–2014 Nikkei Business Publications, Inc. All rights reserved.
Originally published in Japan by Nikkei Business Publications, Inc.
Simplified Chinese translation rights arranged with Nikkei Business Publications, Inc.
through Hanhe International (HK) Co., Ltd.

图书在版编目（CIP）数据

用户价值感知力 / 日本日经制造编辑部 著；赵婉琳 译. —北京：东方出版社，2022.1
（精益制造；081）
ISBN 978-7-5207-2561-3

Ⅰ.①用… Ⅱ.①日… ②赵… Ⅲ.①产品开发—研究 Ⅳ.①F273.2

中国版本图书馆 CIP 数据核字（2022）第 003498 号

精益制造 081：用户价值感知力
(JINGYI ZHIZAO 081: YONGHU JIAZHI GANZHI LI)

作　　者：	日本日经制造编辑部
译　　者：	赵婉琳
责任编辑：	崔雁行　吕媛媛
责任审校：	金学勇　赵鹏丽
出　　版：	东方出版社
发　　行：	人民东方出版传媒有限公司
地　　址：	北京市西城区北三环中路6号
邮　　编：	100120
印　　刷：	北京文昌阁彩色印刷有限责任公司
版　　次：	2022年1月第1版
印　　次：	2022年1月第1次印刷
开　　本：	880毫米×1230毫米　1/32
印　　张：	6.375
字　　数：	77千字
书　　号：	ISBN 978-7-5207-2561-3
定　　价：	58.00元
发行电话：	(010) 85924663　85924644　85924641

版权所有，违者必究

如有印装质量问题，我社负责调换，请拨打电话：(010) 85924602　85924603

目录

contents

第一章 独家专访 ·············· 001

01 本田企划部原部长小林三郎：提升技术，学习不同领域的爆品秘诀 ·············· 003

02 大发工业执行董事上田亨：如何挽救"年轻人远离汽车"的趋势？ ·············· 014

第二章 七大独创产品，解构爆品流行的本质 ·············· 021

01 JR九州"超豪华列车"：30亿日元的巨额投资 ·············· 023

02 爱维福"airweave"床垫：聘请顶级运动员代言 …………………………… 034

03 百乐公司"摩磨擦签字笔"：写、擦除、再写 …………………………… 048

04 日本狮王"TOP HYGIA"洗衣液：密切关注消费者行动 ………… 059

05 万代"VooV"：享受双倍快乐的迷你车 ………………………… 071

06 山善"UQUA"蓝牙音箱：低价格家电+品牌影响力 ………… 079

07 花王"美舒律"：随时随地可热敷 …………… 090

第三章 产品高附加值的设计方法 ……… 101

01 热销品的目标：持续十年价格翻倍，关注"多功能化" ………………… 103

02 戴森的制造哲学：只在革新技术上投入时间和资金 ………………… 110

03 夏普"HEALSIO"微波炉……………… 126

04 三菱电机"本炭釜"电饭煲……………… 134

05 日立电器"节拍洗"立式洗衣烘干机… 142

06 大金工业的"滋润凉爽"家用空调……… 151

07 iRobot"伦巴"扫地机器人……………… 159

第四章　技术人员的"人类观察"：通过挖掘潜在需求打造爆品…………… 167

01 隐藏在研发产品背后的爆品秘密……… 169

02 实践！组织结构篇……………………… 176

03 实践！个人篇…………………………… 183

第一章

独家专访

01 提要：在《日经制造》杂志的连载文章《本田创新的精髓》一文中，小林三郎是一位大家耳熟能详的杰出人物。他研制出安全气囊，并带领本田车闻名于世。笔者专程向他请教了"企业应当如何打造一款爆品"的问题。

02 提要：2014 年 6 月，大发工业上市销售新型轻型汽车"Copen"。该车的特征是客户购买车辆后可按个人喜好更换树脂外板的颜色和款式。"Copen"的登场在制造业中掀起了千层浪。笔者专程采访了"Copen"的项目负责人上田亨。

01 本田企划部原部长小林三郎：提升技术，学习不同领域的爆品秘诀

图 1-1 小林三郎

安全气囊研发日本第一人。1971 年就职于本田技术研究所。2000 年担任本田经营企划部部长。2005 年 12 月离职至今，担任一桥大学研究生院国际企业战略研究客座教授。

你有没有吃过"マルちゃん正麺"①？它刚上市的时候，我立刻品尝了一番，味道非常不错。随后，东洋水产公司又新上市了一款乌冬面，我觉得也很不错。

学习各行各业推出的爆款产品，在自家公司的新品或新服务的研发中活学活用，这一点非常重要。然而，做到这一点看似容易，其实很难。为此，我们必须"把控事物的立场和观点"。

我们可以从"看一看"开始，然后再"自己动手试一试"。有些年轻人对此不屑一顾时，本田的老爷子（本田创始人本田宗一郎）就会暴跳如雷。每当有人触犯了上面这两条，他都会涨红着脸怒气冲冲地说："看也不看，做也不做，你能明白什么！"

想必每个人心中都有疑虑，自己的工作能和方便面扯上什么直接关系？我们可以换个角度思考问

---

① マルちゃん正麺，2011 年 11 月东洋水产公司销售的袋装方便拉面，其生面面饼的口感深受消费者的喜爱。2013 年 10 月乌冬面上市销售。

题，既然这个方便面如此受大众欢迎，那就值得尝试。而且，我们最好亲眼看看爆品实物，亲自感受一下。人类的好奇心正是发掘爆品品质的第一步。

此话一出，肯定会有人反驳说"我没时间啊"。但是谁的工作不忙碌呢？大家都一样。自己要想办法挤出时间，多多积累个人经验。这些经验势必会慢慢变成我们自己的积淀，成为打造爆品的灵感源泉。

▶跳出个人擅长领域

要想创造一款全新的产品，我们必须从自己所在的行业或技术圈中跳出来，绞尽脑汁想出各种点子。当然，做到这一步确实不太容易。尤其对技术人员而言，更是非常困难。他们总会不由自主地在自己擅长的领域里思考问题。我们的技术优势是什么？弱势是什么？如何做才能发挥出我们的优势？

这是技术人员的思考模式。

这种思考模式全凭经验说话，往往由经验丰富的技术专家们主导整个议题。新人哪怕提出一个新方案，他们也会说："这个不行，以前有过。"说来说去，结果就是当场否决。最后研发出的产品几乎都是旧款改良，无论耗时多久也研发不出一个全新的产品。

这里所说的全新产品是指可以创造出新价值的产品。需要特别注意一点，那就是新价值要针对客户而言，和我们自己的工作领域和擅长的技术没有任何关系。我们需要先脱离自己的行业和技术，设身处地地站在客户的角度进行思考。当你发现新价值时，可以把它拿过来运用到自己的工作领域和擅长技术中，好好想想自己可以用新价值做些什么。

必出爆品的方法并不存在，归根结底这是一个概率问题。我们不能沉浸在自己的行业和技术领域里，用狭隘的眼光看待问题。纵观多个领域，才能提高成功的可能性。此外，将概率转化为直观的数字也非常重要。

本田的做法是这样的。我们会在会议室的一大片墙面上贴满新品企划的创意卡片，然后在这些卡片上具体写清楚产品的功能和产品的设计方案。最后，我们会从这些卡片里（大约100张）选出10个项目，从中确定一两个作为最终方案。

这是我们本田自创的方法，在脑中构思候选方案时，我们也会参考其他行业的爆款产品。

▶ 拍不拍桌子？

那么，我们应该从其他行业那里学什么呢？

举个例子。像刚才说的"マルちゃん正麺"，这款产品销售火爆的关键原因是生面成品的口感、风味和味道。之所以成功，主要靠东洋水产公司自主研发的非油炸制面的新技术。我对这项技术饶有兴趣。但即便理解了技术原理，恐怕对我们的业务帮助也不大。我们的关注点不在它的技术上。当然，更不在方便面本身。

我们在学习打造爆款产品的时候，多数人都在关注产品本身和它的技术层面。然而，这两点并不具有普遍性，即便了解清楚了，对自己的工作也毫无益处。我们应该学习的不是产品和它的技术，而是隐藏在产品背后的企业文化和组织架构的特征、工作的推进方式，以及企业独有的哲学底蕴。

下面这些话你一定耳熟能详："尊重客户""坚持到底，继续挑战""不许失败""引导积极性""加强部门之间的协作配合""除了产品价值，传递信息的方式同样重要""产品决策的灵活度"，等等。正因为理所当然，我们才更需要具备看穿事物本质的洞察力。例如，有人举手说"我想研发新品"后瞬间就有很多人响应，把在新品研发中会用到的技术和知识都奉献出来，在短期内完成了产品的研发工作。

为什么能立即召集如此多的人才？我很好奇这家公司的组织结构形式。

当我还是技术人员的时候，本田已经有了自己独创的企业文化：迫不得已时可以拍桌子。例如，会议上决定是否成立一个新的研究项目时，如果董事提出否决，公司允许项目负责人一边神色大变，用力拍桌子，一边向大家解释为什么要做这个项目。有时，这种做法会带来意想不到的转机。拍桌子的行为是为了表达自己对项目的热忱，而非单纯地给董事们施压心理压力。在本田，董事们会做出被这种热忱打动的样子，只要年轻员工或经理充满激情，同样的决策说三遍，董事们就会让步。这就是本田的企业文化。

我问过很多企业，如果跟董事拍桌子，后果会如何？他们的回答清一色都是"降职，没人敢拍桌子"。但本田却不是这样，该拍桌子的时候不拍反而会被指责"没有积极性"。

正是这种组织内部的积极性和氛围，体现出了一家企业的本质。

▶ "ASIMO"的价值

对爆款产品进行剖析，还有一项极为重要的工作，那就是评估产品价值。一件未上市的产品，尤其是创新产品，由于上市前我们无法了解整体市场的需求究竟有多大，所以有可能出现各种意想不到的状况，如盲目相信产品畅销现实却销路无门、实际目标购买客户与预设购买客户之间相差巨大等。为了提前掌握市场需求必须开展市场调查，但是无法确保调查结果全部都是准确无误的。这些问题，几乎在所有的产品和服务项目中都会出现。

我们来看一个实例。本田研发了双足行走人类机器人"ASIMO"。本田推出第一代"ASIMO"机器人是在2000年11月，研发目的是"帮助人类，造福社会"。虽然眼下离完全意义上的成功还有一些距离，但是在其他领域却大获成功。

起初，本田收到了来自本田青山总部招待的VIP贵宾的反馈消息。大多数的VIP贵宾对"ASIMO"很感兴趣，所以招待VIP贵宾的常规项目中有一条是安排15~20分钟的"ASIMO表演秀"。男性VIP贵宾主要关心一些技术上的细节问题，如"研发时的难点是什么？""机器人的行走机制是什么？""开发费用要多少？"等等。

但是，女性VIP贵宾的反馈有时会截然不同。她们的评价只有简短的一句话："真可爱。"所以临走前，我们会送给她们每人一个"ASIMO"的手机挂坠当作小礼物。她们很开心，有人甚至还会询问："能不能送给我两个？"

"ASIMO"的意外成功，提高了本田在女性客户群体中的口碑，对本田汽车的销售也有不少促进效果。而这些，开发人员恐怕连做梦都没有想到。

通过"ASIMO"的商业案例,我们知道判断产品价值是一件很难的事情。但是,我们有办法提高自身对产品价值的感知能力。我在《本田创新之魂!2》第一期(《日经制造》,2013年7月号)一文中提到过,仔细想想"Why(基于什么想法开发?)"很重要,这是本田一直在实践的。

总而言之,我们需要到达那些具有新价值,或者说可以改变我们自身价值观的地方。例如,人们常说的网红打卡地和当下的流行元素之地等。

老爷子曾说:"傻子才会去问客户他的潜在需求是什么。别用嘴问,要用眼看。"技术人员要学会默默观察客户,寻找他们的潜在需求,然后再提出"设计这么一款车如何"。这个时候,客户会很自然地告诉你"我想要的是怎样一款车"。接下来,只要按照客户提的需求开干就行了。

例如,我们可以去逛一逛老年人居多的原宿地区的"巢鸭"、肥宅热衷的"秋叶原"和"东京晴空塔",仔细观察那里的人们,然后以观察结果为依据,提出一些假设来进行"吵嚷大会"① 般的讨论。经过一轮实践后,可以切实提高我们对价值的感知能力。

能创造出爆品的企业一定具有较强的价值感知力。弄清楚提高感知力的途径,对企业打造爆品很有帮助。

---

① 本田独有的集训营,组织员工们三天三夜讨论类似制造新概念车这样的核心议题。

02　大发工业执行董事上田亨：如何挽救"年轻人远离汽车"的趋势？

图 1-2　上田亨

1984 年入职大发工业株式会社。主要在汽车底架设计部负责底架、刹车系统的研发工作。2010 年起担任"Mira e：S"项目的研发负责人。2012 年后晋升为产品企划执行董事。他说："'Copen'是我们与客户沟通的工具。"

2014年6月19日,"Copen"在日本全国上市销售。截至2014年7月18日,我们(大发工业)共收到了4000多辆汽车的订单。"Copen"每月的销售目标是700辆,后续的销售数量在直线上升。

即便如此,一些消费者仍选择继续观望。后续,我们又上市销售了"Copen Robe"和"Copen Cross",后者的树脂外板颜色和款式设计与旧款完全不同。我们倾向提供多款车型供客户选择。总而言之,选车是最欢乐的时光(笑)。所以,"Copen"和一般的汽车不同,上市后订单不会立马暴增。在这种情况下,处于观望和犹豫的客户肯定要比预估的订单数量要多。

▶不能让年轻人疏远汽车

我们为什么从"Copen"开始尝试自由组合更换配件?让我来解释一下其中的缘由。起初,"Copen"

的设计理念是"让客户了解到汽车内部构造的乐趣"。因此,这次不是对"Copen"进行单纯的改造升级,而是我们综合了各方面考虑之后的一次尝试。

很多年轻人早已疏远汽车。其实只要亲自坐进车里,他们就能体会到妙不可言的乐趣。但正是因为没有这种体验的机会,很多人才不清楚它的乐趣是什么。也就是说,那些一味追求乘车乐趣的汽车厂商以前并没有把这份乐趣传递给年轻人。

其实,现在的年轻人接受新事物的能力很强,如早已人手一台的智能手机。手机这种产品就是要花钱买回家,自己摸索它的乐趣。所以,我们提议设计一款汽车的时候要考虑不同的切入点。具体来说,好比像时装那样可以随心搭配一样,我们可以设计一款十分注重个性选择的汽车。新款"Copen"的研发从此步入正轨。

新款"Copen"车型将车定义为"骨架"和"服装"两部分,采用的是可拆卸的内外装饰结构

"Dress Formation"。车辆的外板部分为配件，选用树脂外板。该树脂外板可根据客户的喜好随意更换（换装）。

▶讲故事

骨架与树脂外板的组合并非首次出现在"Copen"身上。重点是，我们为什么要采用这样的构造？还有哪些商业模型可做？我们曾经有过一个设想：骨架和树脂外板的更换方式不再是切入点，可以用某一部分的配件把树脂外板和骨架组合在一起，特意制造出一个可组合连接的配件。

同原有方案对比，"Copen"采用了可更换外板的设计方式，我们必须为此写出一个顺理成章的故事。当然，汽车更换组件后必须保持原有性能。在研发"Copen"新样式的过程中不需要更换骨架，只要更换外板即可，这样做能大幅缩短更换时间。

还有一点不能忽视，那就是让汽车制造厂、第三方机构和喜爱制造的人加入到汽车制造的过程中。基于此，我认为这款车与以往车型的切入点大不相同。

为了实现横向发展，我们专门创建了一个同外部技术人员共享信息的网站。网站上记录了零部件款式、安装构造和材质等信息。我们公开了需要的所有资料，希望第三方机构或者有意从事制造行业的人能设计出汽车外板。例如，自己已经能制造出空气流线型零部件的人全都自带绝活儿，如果他们还能掌握共享资料，必定能更加得心应手。现在，我们可以直接测量实物，制造一个类似产品不再是难事，而如果再有一系列的准确数据，就可以制造出更加真切的实物。所以，周围出现了一些呼声，希望我们不仅能提供数据，还能提供技术支持服务。

作为一家企业到底能做到什么地步？未来我们还需要不断进行探讨和摸索。

▶拉近和客户之间的距离

我希望"Copen"灵活运用可更换外板的特点成为我们与客户之间的桥梁。大发工业成立以来一直秉承"做一家最贴近客户需求的公司"的信念。为了实现这个目标,与客户充分交流要比任何事情都重要。迄今为止,汽车厂家靠汽车和客户沟通交流的方式十分统一。到底怎样才能打破统一化的模式?我们在这款新车型上加入了一些新想法。

客户购买汽车后,要建立我们与客户之间的联系。过去是我们卖车、客户买车,交易成功后一切宣告结束,后面我们只要同负责汽车检修、日常保养服务的销售公司保持沟通即可。但是,"Copen"这款汽车不是这样做的。客户把车开回家后,一切才刚刚开始。换句话说,我们和客户在共同"养育"一辆客户自己专属的汽车。

如果我们能和客户建立起这样良好的关系,收集客户的需求和困扰等信息就会变得十分容易。最终,我们必定能成为一家贴近市场、亲近客户的企业。2014年夏季结束后,我们曾邀请股东参观生产"Copen"的工厂"Copen Factory",目的也是一样的。"Copen Factory"和普通的汽车工厂不同,它的优势是在客户触手可及的地方生产汽车。

因为以往的汽车工厂都是大批量生产,要求的生产速度非常快,所以客户能去参观的地方既要考虑安全问题,还要与车间保持一定的距离。最近,在蔬菜等其他行业,生产者的可视化开始流行。我们也在思考如何让客户更清楚地看到"你的汽车就是从这里生产的"。

"Copen"汽车的卖点是更换零部件,生产流水线规模和月销1万台的汽车完全不同。在某种意义上,它更接近手工流水线的规模。当然,我们想展示给客户的是一个镶嵌着玻璃的流水线车间,让他们能更清楚地看到汽车在里面进行的各种检查。

第二章

七大独创产品，解构爆品流行的本质

制造行业被质疑他们现在究竟在做什么。

为了找到"答案"，企业不能只顾着在自己的领域里闭门造车，还需要参考各行各业的经验。

本章选取了七款具有代表性的独创产品，用于剖析隐藏在产品背后的火爆秘诀。

01　JR九州"超豪华列车"：30亿日元的巨额投资

——盛情款待式的非凡体验背后

豪华卧铺列车"七星 in 九州"第一期乘车券的销售是在正式运营开始的一年前，也就是2012年10月①。当时，申请人数超出列车定额7倍之多，DON设计研究所（Don Design Associates，总部位于东京）的水户冈锐治负责车厢设计，连他本人都很惊讶。他说："我只不过画了插图而已，还没有一张正式的图纸，没想到竟然有这么多人说想乘坐我设计的列车。"

---

① 2013年10月15日开始商业运营。

▶ 悠闲地游览九州各地

"七星 in 九州"是一辆卧铺列车,目的是希望旅客可以从自然、食材、温泉、历史四个方面畅游九州(图2-1)。列车从博多站出发,共有两条观光游览路线,时间为两天一夜或四天三夜。四天三夜的路线途经福冈、大分、宫崎、鹿儿岛、熊本,环游九州一圈。当时设计的初衷没有考虑单程路线或移动速度等

图2-1 "七星 in 九州"专用列车
车身外观的漆面一律为"古代漆"。

因素，这也是与以往普通卧铺特快列车之间的差异。

例如，如果选择四天三夜的路线，旅客当晚可入住以温泉享有盛名的由布院。午后列车驶出站台，大约在下午四点到站，稍事休息后，旅客即可开始享用晚餐。晚餐的进餐时长大约三个小时。用餐期间，列车在由布院附近缓慢前行。就餐完毕后，如果天气晴朗，会举办夜晚观赏满天星的活动。夜里十一点三十分左右，列车向宫崎县出发。抵达宫崎县周边时已到了早餐时间，食材选用的是当地新鲜的蔬菜、牛奶、果汁果酱。无论食材还是服务都不亚于五星级酒店的水平。

为了在车厢中实现可与一流酒店媲美的服务的新价值，与之相称的空间必不可少。于是，"七星in九州"专用列车（77系客运列车）应运而生[1]（图2-2）。据水户冈锐治介绍，JR九州公司总裁兼首席

---

[1] 火车头在JR货运柴油机车的基础上加以改良，车身外漆与77系客运列车的"古代漆"色调相同，车号为全新打造的"DF200 7000"。同时，采用了柴油机驱动电机的柴电系统。

执行官唐池恒二曾说过:"我们耗资 30 亿日元为旅客设计了一个观赏九州全景的'画框',彻底打造了一个高品质的车厢空间。"

图 2-2　末节车尾车厢里装潢着欣赏九州美景的"画框"

宽大的长方形窗户宛如一个精致的画框。(a) 列车后方的景色。(b) 车尾外观。

▶ 大量使用木质纹理和真实的工艺品

客运列车的设计，尤其在内饰上采用了许多木质元素，营造出一种"建造已有上百年历史"的氛围[图2-3（a）]。水户冈锐治刻意避开近现代的设计风格，因为他认为"七星的受众群体主要是60岁以上的高龄人士，他们想要的不是乘坐在一辆充满现代风格的列车里沿途观景，也并不期待品尝当下流行的美食。他们的期望是坐在充满怀旧感的列车上，品味到一些传统的、用当地特色食材烹饪的精致料理。"

但是，列车不仅需要复古的气息，也需要融合最新的技术工艺。"古典怀旧与新兴科技的碰撞，一定会擦出更大的火花"，水户冈锐治补充说道。

车厢的内饰装潢是在铝合金的塑型板材（三协立山）上粘贴厚度为0.2mm的木片①。窗格及房间与房

---

① "原本打算使用真实的木材，因为木头不会吸收人体的体温，更加舒适。"这是水户冈锐治的早期设计方案。但是为了确保车辆结构的阻燃性，他最终决定使用0.2mm的木片阻断热量传播。这样一来，触摸感也提升了不少。

间的隔断使用了大量的木制工艺品"组子细工"[图2-3（b）]。但是，效果上要比手工艺人平日的设计更加现代一些。

图 2-3 实现了媲美星级酒店的服务空间

（a）"塑造 100 年前的古典风格"（水户冈锐治）。（b）窗格及房间与房间的隔断多采用福冈县手工艺人制作的"组子细工"，突出了日本和风的品位。同时，组子细工的图案设计使其充满现代感。

车厢内的洗手池选用的是人间国宝（重要无形文化遗产）第14代传人酒井田柿右卫门的陶制器具，当时也是众人津津乐道的话题。车厢的内饰使用珍贵的工艺品不仅是为了赏心悦目，还是为了让旅客产生"它们很脆弱，很美，要小心爱护"的感受。这就是水户冈锐治的想法——用陶瓷器具建立与旅客的关系。"使爱护工艺品成为一种礼貌，使用工艺品的人给人留下美好的印象，这个洗手池作为一个出色的工艺品精彩夺目。"（水户冈锐治）总而言之，要为实现旅客高品质的体验竭尽所能。

优雅的车厢内部空间对旅客很重要，对提供服务的员工也很重要。必须让员工能够"竭尽全力为列车服务"。"看到所有的列车员站在列车服务的舞台上努力奋斗的样子，乘客们自然也会努力扮演好旅客的角色，齐心协力共度一段美好的旅途时光。"这正是水户冈锐治的目标。

▶20年收回投资成本

"七星 in 九州"推出的四天三夜的游览路线，如果旅客选择 2 人 1 间的房型，每人的花费大致在 39.1 万日元。这条路线价格高昂，销售非常火爆，但是企业的收益却很低。要想收回 30 亿日元的投资成本，即便每次列车满员（上限为 30 人），也需要 20 年之久。

尽管如此，通过豪华卧铺列车的成功还是带来了一些附加效果，如提升了九州旅游胜地的品牌形象、吸引了更多前来观光旅游的游客、能从多个方面增加整个九州的经济收入等。自 1987 年私营化以来，JR 九州先后推出了"由布院之森""阿苏男孩！""坐 A 列车去吧""指宿之玉手箱"等 9 种观光列车。如此不断努力的结果是，作为 JR 私营初期预言经营困难的"三岛公司"[①] 中的一家，该公司在

---

① 三岛公司指的是 JR 北海道、JR 四国、JR 九州三家公司。JR 成立初期，获得了固定资产税的减免和经营稳定基金的支持。

2004年实现盈利,甚至开始筹备上市计划。

"七星 in 九州"可以说是观光列车的大荟萃。而且,除了日本国内的富人外,还吸引了亚洲各国的富人前来观光游玩。

水户冈锐治说,JR九州就是这样"从地方走向

图 2-4　DON 设计研究所所长水户冈锐治

自特快列车"燕子号"等787系列火车(1992年开始运营)之后,水户冈锐治负责JR九州的车辆和车站设计工作。"七星 in 九州"为其巅峰之作。(图片来源:尾关裕士)

日本全国，再从全日本走向世界"的。这样一来，即便销售额比不过 JR 东日本，JR 九州的品牌知名度也足以与 JR 东日本抗衡。

▶只有 JR 九州能做到

水户冈锐治回顾"七星 in 九州"的车厢设计时曾说过"这项工作完成了一个前所未有的设计"（图2-4）。他推测说："日本其他大型铁路公司恐怕造不出来。我只能说没人想打造这么奢华的列车，因为列车制造负责人会被质疑'谁来维修保养它'，全公司的人都反对，计划自然也就夭折了。"

只有 JR 九州最终下定决心"建造一些有趣的玩意儿"，把所有的设计交给了水户冈锐治。

在水户冈锐治看来，"前所未有"的创新不能仅通过追求经济效益和便利性来实现。"之所以前所未有，是因为无法用以往的经验来判断它的收益模式。

所以，如果我们站在赚不赚钱的角度去探讨，恐怕'前所未有'也就消失了。"这是水户冈锐治的真实想法。

他说，构思新设计的时候要在各个年龄段中选出目标群体，观察他们容易接受的事物①。这样做虽然费时费力，工作效率很低，但换来的是粉丝和赞助商的支持，能顺利推进品牌化。"我们不去宣传，或许赞助商还会替我们宣传，品牌的知名度将慢慢遍布日本乃至全世界。"

---

① "七星 in 九州"的数据采集对象限于初中以上年龄。

02 爱维福"airweave"床垫：聘请顶级运动员代言

——用户安眠的秘密是"轻松翻身"

"原本我对自家产品的品质很有自信，觉得它一定会畅销。但是上市初期它却无人问津，这让我深刻认识到了市场宣传的重要性。"爱维福公司（总部位于东京）总裁高冈本州回顾当初时这样说道。

"airweave"床垫是使用直径1mm左右的聚乙烯（PE）纤维线交织而成的寝具，可放在现有的床垫上使用，其厚度为5cm左右（图2-5）。"airweave"床垫易下陷、易压弯，但回弹力高，跟其他低反弹类的产品相比，用户更容易翻身。由于翻身时使用的肌肉能量较少，所以有助于提高睡眠质量。此外，用户在该寝具上睡觉时还能分散身体压力，减轻身体负担。

图 2-5 "airweave"床垫

可叠放在现有的床垫上使用。垫子变形后回弹力高、易翻身。图片实物尺寸为宽 100cm×长 195cm×高 5cm，属于单人床。其重量为 7kg，价格为 6.3 万日元（不含税）。

使用"airweave"床垫能够轻松翻身、安心熟睡、缓解疲劳，顶级运动员等都在使用。此外，"airweave"床垫还得到了国际航线头等舱、高端温泉旅馆的青睐，销售额直线上升。

在日本，其已经是电视广告的常客，是为大家所熟知的大品牌。但其实在 2007 年 6 月上市初期，它的销量非常惨淡——其以女性消费者为目标，被刊登在各种介绍睡眠的美容和健康杂志上，却没能引发消费者的共鸣。此后 3 年，它的销量依旧惨淡。

爱维福公司为什么能脱离困境，打造出如此畅销的产品？因为它脱离了"是金子总会发光"的偏重于技术的观念，制定了详细的市场战略。

▶时代逆潮"高反弹"

2004 年，高冈本州接管了叔叔的公司。"aiweave"作为公司谋求生存的新事业，是在 2005 年开发的新产品。该公司前身的主要业务是生产可制作鱼线的注塑成型机，后来持续亏损，已然命悬一线。此时，背负着公司命运的高冈本州开始摸索新业务，并最终找到了一条出路，即用树脂材质的线制作床垫（图2-6）。

图2-6 "airweave"床垫中的树脂纤维

它由缠绕的PE线制成，直径约为1mm，空气占体积的90%且高度透气。

实际上，该公司的前身曾经为床垫的芯材和椅子提供树脂线的垫子。

高冈本州由此联想到开发寝具，因为使用自家技术可以开发出高品质的独创产品。但是，供应商没有商业主导权，爱维福公司期望依靠自己研发的最终产品能够力挽狂澜。高冈本州坚定信念，一边分析市场，一边制作样品，以期巩固产品概念。

当时的寝具行业流行生产让身体下沉的低反弹寝具，但高冈本州认为，结合开发阶段制作的200多件样品的评价结果以及亲身体验来看，复原力高的（高反弹）寝具会让用户翻身时更加舒适，一觉醒来没有疲惫感。

"低反弹的寝具会让人在睡觉时感到很舒适，而高反弹的寝具会让人在早起睁眼时感到很舒适。"高冈本州说道。他在不断听取大家对样品的评价后，更加坚信：发挥自家的技术优势，势必能开辟出与低反弹寝具不同的新道路。就这样，"airweave"床垫问世了。

▶打造品牌需要成就

但是，就像文章开头说的那样，"airweave"床垫问世初期销售惨淡。"好货不愁卖"——这种对技术过于自信的结果，就是轻视了市场宣传的作用。"当时我们只顾闷头制造，唯我独尊。"高冈本州反思说。

其实，无论多么优秀的产品和技术，倘若市场不了解、不认可，就无法得到消费者的青睐。像床垫这种诉诸感受的产品更是如此。高冈本州本想举办一场市场效果绝佳的"试睡体验一晚"的活动，但是这种销售方法在现实中无法推行。而且，床垫这种产品的更换频率较低，销售机遇也非常有限。

抓住较少的销售机遇，努力将产品信息传递出去，让消费者了解产品的优点——反思过后，高冈本州化挫折为动力，制定了"让知名人士使用，打造品牌影响力"的战略。

打造品牌只能用业绩证明。无论打多少广告，吸引消费者注意力的永远只有他们看到广告的时候，一旦削减广告预算,销量就会立刻下滑。因此,大肆宣传产品得到知名人士和机构的好评,能够更广泛地传递出产品的优点。

当然,这并不意味着随便请个名人就行。高冈本州首先想到的是运动员,而且是奥运会参赛选手。"对身体状况敏感的人,会立即对产品产生共鸣。"(高冈本州)研发阶段的大众调查统计数据也可以证实,越是喜欢进行激烈运动的人越是能在瞬间对"airweave"床垫产生认可。

▶ 稳步的"成就"

从结果来看,这个策略是成功的。起初,爱维福公司向日本体育科学研究所(JISS)赠送了40张"airweave"床垫,运动员普遍反馈"睡得香""解乏",并随之加购了40张床垫。

此后,"airweave"床垫的口碑不断提升,更多运动员开始使用。2008年，为方便运动员随身携带，爱维福公司推出了薄款床垫。

从问世到三年的销售积累期，再到运动员代言，爱维福公司一直在踏踏实实推广宣传。终于，在2008年的北京奥运会期间（尽管其知名度还是不温不火），有70多名运动员选择使用该床垫。随后，在2010年的温哥华冬季奥运会期间，有更多的运动员使用了该床垫，在同年举办的FIFA南非世界杯上，日本足球代表队成员也使用了该床垫。

出演电视广告的花样滑冰选手浅田真央，在2011年成了爱维福公司签约的代言人。其实早在2009年，她就开始使用并喜爱上这款产品了（图2-7）。不久，"airweave"床垫的口碑提升，好评如潮，知名运动员的代言和媒体曝光率的增多使其品牌的知名度越来越高。为进一步配合宣传，"airweave"床垫的使用范围扩大到了客机和高端旅馆等领域，因为消费者普遍认为"这些地方使用的床垫一定是好床垫"。

图 2-7　2013 年 12 月拍摄的广告

花样滑冰选手浅田真央（左）和歌舞伎艺人坂东玉三郎（右）。浅田真央于 2011 年签署了代言合约，但早在 2009 年，"airweave"床垫就是她最爱用的物品。

如此默默的努力最终开花结果。从 2011 年起，"airweave"床垫的销售量一路猛增。

乍看之下，爱维福公司采用的市场战略是通过名人的曝光率提高自身品牌的影响，但事实上并非如此。高冈本州说："广告代言人必须真的喜欢用我们的产品。因为我们想宣传的是名人真正喜爱使用我们的产品，而不仅仅是产品本身。而且，代言人还要是奥运会选手那种级别的才行，我们只选顶级选手合作。"

如前所述，如果对睡眠质量要求高的人都认可了"airweave"床垫，那么它自然会获得普通消费者的信赖。

当然，"airweave"床垫火爆的背后还得益于优秀的产品技术水平。睡觉易翻身这个结论不是高冈本州个人的主观判断。早在2009年，他就委托早稻田大学进行了数据分析，得出了"进入睡眠时，身体使用肌肉的时间较短"的结论。也就是说，人在翻身时使用的肌肉能量较少（图2-8）。

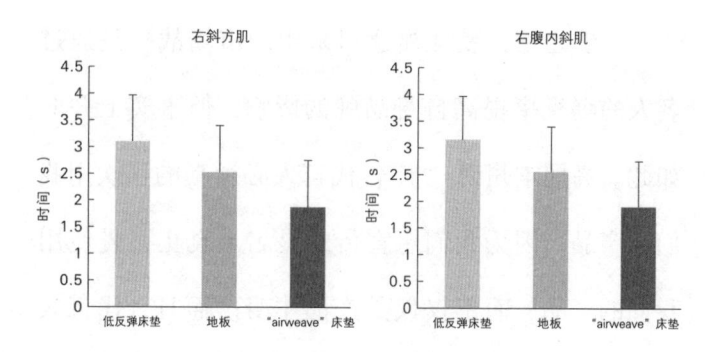

图 2-8　早稻田大学的研究结果

图中的时间指的是实际翻身时肌肉使用的时间。通过数据分析可得出以下结论：同睡在地板或睡在低反弹床垫相比，使用"airweave"床垫时翻身用时更短，由于翻身顺畅可以减少睡眠中的觉醒，所以可以提高睡眠质量。该实验由早稻田大学运动科学学术院的内田直教授负责。

▶进军海外市场，定位歌剧院座椅

如今，"airweave"床垫已是无人不知无人不晓，但未来的路该走向何方？爱维福公司思前想后得出了一个战略方案，那就是丰富产品线。

"当然，高反弹产品之后，下一个市场需求尚未明朗之前，我们不会草率地丰富产品线。"高冈本州补充说道。

从上市初期的失败,到后续调整宣传步调、让消费市场了解产品的优点,高冈本州深切感悟到不投入新产品就无法获得理想的销售业绩。

爱维福公司下一步看好的是海外市场。预计未来几年,其在日本国内的销售市场份额能达到150亿日元左右。同时,海外市场也具有非常大的潜力,可以采用和日本同样的宣传方法(奥运代表选手代言,客机、酒店配有公司产品等)向消费者讲述"这个好产品"。

2013年,世界最大的美国体育经纪公司"IMG Academy"已经购买了500个"airweave"床垫配置到学生宿舍里。此外,爱维福公司还与美国斯坦福大学合作,开始着手"airweave"床垫与睡眠的研究;同世界顶尖级的芭蕾舞学校——巴黎歌剧院芭蕾舞学校签署了合作协议。总而言之,爱维福公司合作的对象均是某领域的权威组织和研究机构。这些措施全都是开拓海外市场、构建品牌影响力的战略部署。

值得注意的是,"进攻海外市场要比日本用时更短"(高冈本州)。爱维福公司立足于日本国内的宣传经验,制定了"用销售数据打动消费者,在短期内展现销量高反弹的寝具"的新产品战略。

专栏1

聚乙烯细丝在巨型水槽中固化成型

爱维福公司的床垫由纤细的聚乙烯(PE)细丝三维式缠绕、黏合而成,制作工艺比较简单:融化的树脂细丝垂入水槽中固化,线状的树脂与水接触时,水中的阻力会使其弯曲,细丝树脂之间互相粘连在一起,沉入水中发生固化(图2-9)。就这样,聚乙烯细丝缠绕在一起制成了床垫。通过调整注塑成型的速度和细丝的粗细来改变密度，可以随意改变产品硬度。

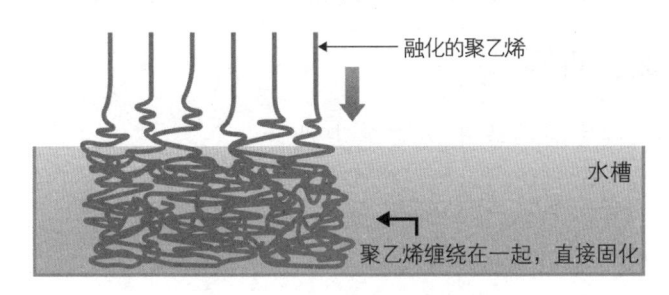

图 2-9 "airweave"床垫的制造工艺

融化的聚乙烯细丝垂入水中，沉没时产生的阻力使其弯曲，和其他细丝缠绕在一起，直接固化。

高冈本州表示："这种结构很普通，原本公司的前身就拥有此技术，只是达不到量产程度，生产率较低。"通过不断研发，爱维福公司最终掌握了量产技术。

当然，市面上也有不少同类产品，但是在调整注塑成型的温度、速度、水温等参数实现制造所需硬度的床垫的技术上，还是爱维福公司略胜一筹。现在，爱维福公司可以一次成型正反硬度不同的床垫。

03 百乐公司"摩磨擦签字笔":写、擦除、再写

——法国小学生突破笔尖设计

百乐(POLIT)公司的书写用品"摩磨擦签字笔"系列,是单品畅销的超级爆款(图2-10)。一般,在书写用品领域,一年销售量超过1000万支的就属于热销品,而该系列产品在2006年销售了1500万支,2012年销售了2.2亿支(图2-11)。销售数量持续增长的同时,其销售区域也遍布欧洲、日本、北美、亚洲等世界各地。

该系列最大的价值是"随写、随擦、可再写"。其典型产品是按动式圆珠笔,尾部自带半透明橡胶笔擦,书写错误时,可将笔上下调转过来,

图 2-10 笔尾部自带透明橡胶笔擦,可擦除笔迹

使用"摩磨擦签字笔"系列的圆珠笔,如果书写错误,简单一擦即可重写。

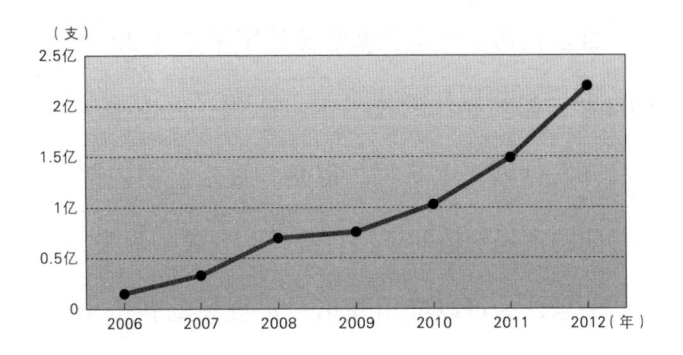

图 2-11 全球"摩磨擦签字笔"系列销量趋势图

2006 年,"摩磨擦签字笔"系列以法国为中心开拓欧洲市场,在 2012 年全球销量达到 2.2 亿支。销量最高的国家是日本。

用橡胶笔擦摩擦字迹即可轻松擦除。并且，这与用橡皮擦擦除铅笔字迹完全不同，不会产生任何橡皮屑。

事实上，在产品研发的讨论阶段，百乐公司并未预见到这些差异能对销售产生直接影响，甚至在犹豫是否要开发这款产品。

▶真的有销售火爆的价值？

百乐公司正式研发摩磨擦签字笔是在 2001 年[①]。2002 年，温控墨汁的技术走出瓶颈，可擦圆珠笔的产品开发计划提上日程。但是，百乐公司内部对可擦功能的市场价值的评估有分歧，分成了两派。

一派认为可以成功开拓一定规模的新市场。日

---

① 自 1975 年以来，除了书写用品之外，百乐公司一直在尝试开发能改变或擦除颜色的墨水。

本人原本就有写错后擦除笔迹重写的习惯①。从小学到大学，标准的书写用品无外乎铅笔和自动铅笔两种。如果写错了，一般用橡皮擦擦除改正。所以，那些一直使用圆珠笔的上班族，如果发现有一种带擦除功能的笔可以代替原来的圆珠笔，理应会有很多人愿意使用。

另一派则质疑这个观点——如果需要擦除笔迹，就不会用圆珠笔。实际上，百乐公司曾经尝试过几款可擦除的书写用品的研发，但是尚未成熟。所以，质疑派推断消费者对可擦除的书写用品的购买需求并不强烈。

曾经研发的可擦除书写用品里，曾有一款使用的是渗透不到纸张里的墨汁。因为墨汁没有渗透到纸张里，所以可以用橡皮擦蹭掉笔迹。但是墨水本身画出的线条形态更类似彩色铅笔，不像自动铅笔

---

① 美国人一般不会涂改需要重写的地方，而会用线划掉或全部涂抹干净，很少擦掉重写。

那样清晰。

当时的百乐公司内部无法判断哪一派的观点是正确的,且那时的"摩磨擦签字笔"还存在待解决的技术问题。

▶按压式的设计不可行

"摩磨擦签字笔"之所以可擦除,是因为百乐公司旗下的分公司——百乐墨水(位于日本名古屋)成功研发出了一款特殊材质的墨水。该墨水的主要成分有三个,分别是显色剂、固色剂和温度变色调节剂。只有显色剂同固色剂发生化学反应才能显色(图2-12)。改变显色剂的种类后,可以呈现丰富多彩的颜色。

但是,如果显色剂和固色剂没有发生化学反应,任何一种颜色都会变得透明。温度变色调节剂,顾名思义,是调节变色温度的成分。"摩磨擦签字笔"

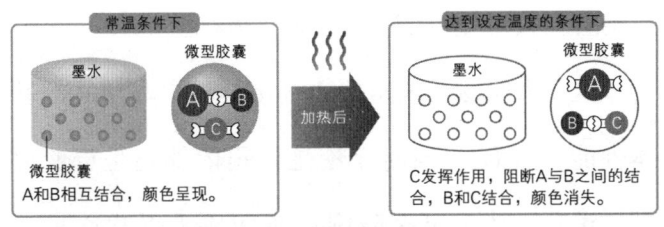

图 2-12 文字消失的机制

微胶囊里包含显色剂、固色剂和温度变色调节剂。当显色剂和固色剂发生化学反应结合时，会呈现颜色。但当温度达到一定水平（在摩擦的情况下为 65°C）时，显色剂和固色剂的结合受阻，固色剂会和温度变色调节剂结合在一起，呈现透明色（文字消失）。

的墨水最初处于显色阶段，但是如果用笔的尾部自带的橡胶摩擦字迹，根据摩擦生热的原理致使显色剂和固色剂之间的化学反应分解，颜色就会变得透明。

在墨水里融入如此复杂的工艺出现了三大问题：（1）当墨水长时间暴露在空气中时，作为显色核心的微型胶囊凝缩，容易导致书写不畅，所以不能设计成易暴露在空气中的按压式（需要笔帽插盖）；（2）墨水消耗速度较快，能写的字数很少；（3）笔尖的直径较粗（粗细度上限为0.7mm）。

这三大问题至关重要，直接影响书写用品的基本性能。然而，"当时无论是公司内部还是行业内部，没有人认为可擦除圆珠笔能成为爆款产品"。（百乐公司销售企划部部长横山和彦）所以，可擦除圆珠笔并不是百乐公司寄予厚望的优先开展研发的重点项目。结果就是，产品开发毫无进展。

▶ **法国市场的强烈需要**

2004年，百乐公司突然迎来巨大转机。来自全世界的经销商负责人前往日本，参加了国际公司内部讨论会议。会议上介绍了"摩磨擦签字笔"还在研发的一项新技术。法国某销售公司社长Marcel Ringerad在观看了产品介绍后，对百乐公司的销售企划部人员说："我想立刻在法国上市销售该产品。"

销售企划部立刻意识到法国拥有"摩磨擦签字笔"最理想的市场销售环境。而最大的目标群体，竟然是小学生。

大部分的法国小学生在学校上课记笔记时不用自动铅笔，而用钢笔或圆珠笔。他们习惯写错后擦掉重新写，且修改错误时用的是修正液，当需要擦掉写错的地方时，他们就会用修正液涂抹盖住原来的笔迹，等完全变干后再重新书写。

在消除如此烦杂的步骤方面，擦盖式的可擦除圆珠笔有很大的优势。笔尖的粗细度正好符合法国0.7mm的标准，不会有任何问题。Marcel Ringerad 社长打了保票："绝对能销售火爆。"

百乐公司接受了该意见，决定进行新品开发，采用日本先行实施的方式，在2006年1月以法国为中心，在欧洲进行新品上市销售。结果销售火爆，2006年的实际销量竟达到了1500万支。

▶日本市场的意外援军

亲眼见证欧洲市场的成功后，百乐公司决定在日本上市销售。横山和彦回忆道："当时，我们并不确定日本的小学生市场需求是否同法国的情况一致，所以也不确信上市销售一定会成功。"更何况，"不可行的按压式设计""墨水消耗速度较快""书写笔迹过粗"等问题还没有解决。

出乎意料的是，在日本尝试上市销售的过程中出现了一批强大的援军——杂志、电视节目和报纸等媒体。通常，文具一类的产品主要依靠用户口碑和店铺柜台的现场演示销售来带动消费者购买。百乐公司销售企划部销售企划组组长田中万里说："'摩磨擦签字笔'是一款全新产品，我们曾经设想过媒体会进行一些宣传报道，但真实的宣传力度远远超出了我们的预期。并且，宣传的文案还都是赞美产品的内容。"

自此,"摩磨擦签字笔"的知名度不断提高,预设的目标群体——上班族也开始购买使用。它的用途广泛,既可以写手账和笔记,也可以在电脑打印出来的纸质文字内容或资料上进行校对等。

针对前面讲述的三大难题,百乐公司收到了很多消费者的反馈。反馈中写的并不是"因为有缺点不想购买",而是"对产品的改善充满期待"。后来,通过墨水工艺的改良、笔尖构造的钻研,百乐公司最终满足了日本消费者的需求,还推出了标准笔尖直径0.5mm款、按压式,甚至还有三色按动式中性笔,成功扩大了产品线(图2-13)。

回顾百乐公司"摩磨擦签字笔"的问世过程,我们可以总结出一些宝贵的经验。首先,产品研发前,企业很难准确预估消费者市场需求规模的大小。其次,在消费者的市场需求规模大小尚未明朗时,即便有人对研发产品持反对意见也不要轻易放弃,要继续努力探索各种可能性,这一点尤其重要。

这一次,百乐公司十分幸运,因为有一家法国

图 2-13 充实产品种类

最初只有笔帽插盖款式。通过改良墨水工艺等方法,百乐公司推出了按压式和三色圆珠笔。此外,还推出了荧光笔和彩色铅笔等种类。

公司留意到了这款产品的存在价值。当然,这也是因为"摩磨擦签字笔"恰好赶上了国际公司内部讨论会议上的展示介绍。没有前面这些因素,幸运不会凭空降临,更不会让百乐公司发现法国小学生的市场需求这一突破口。

永不气馁才能开拓新的道路,打造出一款超级畅销的爆款产品。

04　日本狮王"TOP HYGIA"洗衣液：密切关注消费者行动

——改善衣物抗菌能力，成就安心生活

日本狮王于2012年7月上市销售了洗衣液"TOP HYGIA"。凭借"每次洗涤，都让衣物抗菌力更强"的广告宣传语，它的销量一路猛增（图2-14）。与该公司推出的浓缩型洗衣液进行同期销售对比可以发现，"TOP HYGIA"的销量高出五成，可谓是狮王公司业绩的顶梁柱[①]。

洗衣液原本最直接的功效是去除衣服上的污渍，"TOP HYGIA"在此基础上增加了一个预防功效，那就是抑制衣服上的细菌繁殖。这个新价值抓住了

---

① 数据来源：2012年12月5日，日经MJ。

图 2-14 "TOP HYGIA"洗衣液

洗涤一次即可增加衣物表面上的抗菌成分，提高抗菌能力。

用户想要保持衣物亮洁如新的本质需求，但是，到达这一步并不容易。

▶ 摸索第三根支柱

"TOP HYGIA"洗衣液的研发工作是从 2010 年 1 月开始的。当时，洗衣液附加值的两大重点是洗涤能力和洗后效果（香味和柔软性等）。日本狮王用关键词来进行表述，前者称为"清洁、爽快"，后者称为"享受、快乐"。

当"TOP HYGIA"洗衣液处于开发阶段时，日本狮王不仅要力图提升这两大重点的市场竞争力，还要"思考产品是否需要第三附加值，并据此开始了新项目"（日本狮王健康&家居护理事业总部纺织物护理事业部副主任千叶瑞荣）。

关键词"卫生、安心"是大家讨论后确定的一个候补选项。当时流行性病毒是一个重大的社会问题，口罩、洗手液、空气净化器等防护用品的销量遥遥领先，反映出消费者具有较强的卫生意识。

那么，这个新需求具体是什么？在洗衣液上附加怎样的机能才能满足消费者的需求？当时，这些问题依旧是待解之谜，日本狮王的关注点是从消费者的日常生活中挖掘出他们的潜在需求，即"行动观察法"。

▶一天生活的贴身调查

行动观察要求观察员到访被观察者的家里，一边用照片和视频记录被观察者的全天生活状态，一边用文字记录下具体内容。"既不与被观察对象进行交流，调查后也不询问意见"（千叶瑞荣）。在屋内的角落里持续默默地观察，仅以记录的客观行为作基础，从中抽离出行为背后隐藏的深层心理因素（被观察者自己都忽略的想法），这是日本狮王采取的策略。

开发"TOP HYGIA"洗衣液的目的，是深刻探寻消费者的卫生意识。因此，行动观察法选定的被观察者是很讲究卫生的消费者。商榷出来的具体的选定条件有很多，如"室内饲养纯血种的宠物，每月需要定期检查""家里的孩子患有特应性皮炎等疾病，属于过敏体质的孩子"等。最终，日本狮王从候选者中选定了七名被观察者。

观察员需要分别对这七名被观察者进行全天的行动调查，开发项目的成员则负责分析观察结果①——自身完全融入到被观察者中，更加深入地解读他们的行动意义，挖掘出被观察者的行动心理（动力之源）。

分析结果明确了一点，那就是"被观察者的'内外有别'意识很强"。也就是说，内（家内）和外（家外）之间存在明确的界限，他们会下意识地产生"保护家人不受隐形威胁的伤害"的想法。

例如，孩子从外面回家后脱掉全部外衣、丈夫在室外工作时穿的外衣和孩子的衣服分开洗等。"天晴就要晒被子"也验证了这一条，因为看不见的威胁会令人内心不安，所以会产生与肉眼可见的污渍处理方式不同的行动。

---

① 具体来说，就是以专业的观察者行业调查研究小组为中心，对被观察者展开行动调查和研究。此外，还有其他部门和研究机构协同作业，如负责洗涤液相关产品开发的事业部、负责研发界面活性及酵素技术的纺织品研究所、负责分析香味和气味的调香技术中心等。

▶抑制细菌繁殖的洗涤剂是什么？

那么，看不见的威胁究竟是什么？日本狮王将它定义为细菌、真菌等的"菌类"。日本狮王有研发含有除菌成分的洗衣液的经验，对除菌和抗菌的市场需求胸有成竹。菌的产生会导致在房间晾干衣物时产生气味。

但是，仅凭"洗涤衣物时除菌"这一行动观察的调查还不够充分，它没有解决菌类从外部侵入的问题。

首先，研发小组成员进行了头脑风暴：洗衣液应该具备什么功效？随后，他们提出了"改善水质的洗衣液""太阳光可分解污渍的洗衣液"等各种想法。但是，起初构思的方案"研发人员在技术上很难实现，设想与实际达到的效果也差距甚远"（千叶瑞荣）。通过反复进行改变洗衣液成分的实验，在对1000余种试验品进行结果分析后，研发小组成员终于研发了一款能提高衣物抗菌能力的洗衣液①。

如果可以抑制附着在衣物表面上的菌类繁殖，就可以消除人们对隐形威胁的焦虑。但是，提高抗菌力的洗衣液还处于概念阶段，实际研发起来并不简单。

例如，抗菌成分和清洁成分的调配问题。"TOP HYGIA"洗衣液中含有两种物质，带正电荷的阳离子表面活性剂和带负电荷的阴离子表面活性剂。洗涤衣物时，阳离子表面活性剂会附着在衣物纤维表面，发挥抗菌功效②，而阴离子表面活性剂去除蛋白质的能力高，可抑制菌类的繁殖。

但是，这两种表面活性剂会因为各自携带的正

---

① 该项目的目的不仅是研发洗衣液，同时也在探索产品多元化的众多可能性。实际上，继洗衣液成功之后，日本狮王便乘胜追击，又推出了"HYGIA喷剂"。它是一款能对不易频繁洗涤的衣物和布制品进行除臭杀菌的洗涤用品。

② 部分菌的表面包裹着一层带负电荷的疏水性磷脂膜。阳离子表面活性剂有疏水性，渗透到菌的细胞膜内，从菌的内部破坏。维持菌细胞生命的蛋白质裸露在外、流失，菌就丧失了活性。

负电荷互相抵消而失去功效。为了避免出现这种情况，通过数次实验分析后，研发小组成员发现了最合适的洗衣液组成配比。

通过辛勤的努力，在重复洗涤衣物的过程中，抗菌成分的吸附量持续增加，研发小组成员终于成功开发出一款能提高抗菌力的洗涤剂。例如，和日本狮王曾经上市的洗衣液相比，在经过10次洗涤后，新产品的抗菌力可达1万倍以上（图2-15、图2-16）。

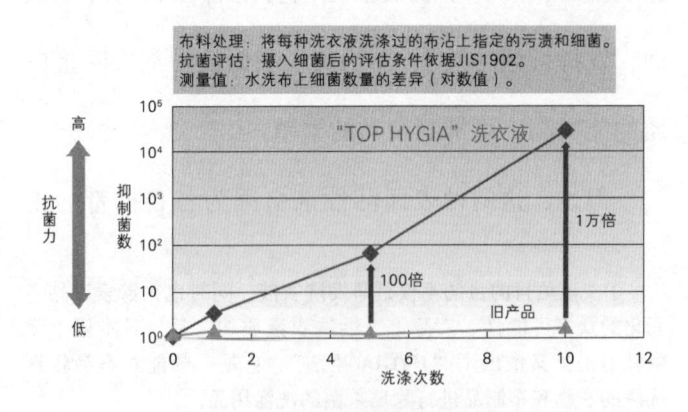

布料处理：将每种洗衣液洗涤过的布沾上指定的污渍和细菌。
抗菌评估：摄入细菌后的评估条件依据JIS1902。
测量值：水洗布上细菌数量的差异（对数值）。

图2-15 确认抗菌效果的实验

与日本狮王的旧产品相比，洗涤5次时，新产品的抗菌活性高出100倍；洗涤10次时，新产品的抗菌活性高出1万倍。

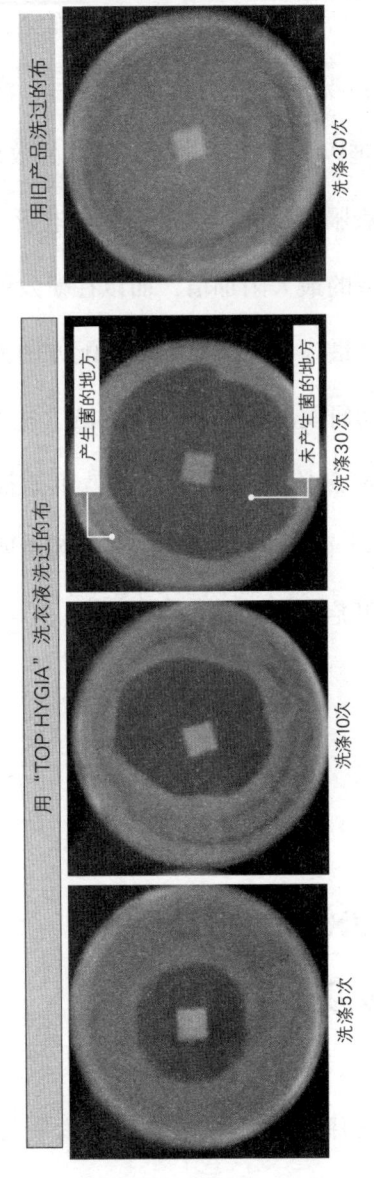

第二章
七大独创产品，解构爆品流行的本质 〉 067

图2-16 抗菌力增强时的状态

用旧产品洗过的布：洗涤30次

用"TOP HYGIA"洗衣液洗过的布：
- 洗涤5次
- 洗涤10次
- 洗涤30次（产生菌的地方 / 未产生菌的地方）

这是一块使用旧产品和"TOP HYGIA"洗衣液洗过的布。布的周围布满菌，这是在菌容易繁殖的条件（37℃）下培养18个小时后的状态。用"TOP HYGIA"洗衣液洗过的次数越多，菌不再繁殖的范围就越大。

增加抗菌成分后,新的问题又接踵而至,那就是泡沫量。一般情况下,增加抗菌成分后,泡沫量也会随之增多,难以达到漂洗一次就清洁的效果。

为了节省洗衣服的时间、用水量和耗电量,一次漂洗肯定是洗衣液的最大附加值,而以往研发的消泡剂无法满足需求。最终,在添加了全新配方的消泡剂后,日本狮王成功研发出了"TOP HYGIA"洗衣液。

想要创造具有新附加值的产品,就不能被固定思想,坚持思考很重要。日本狮王的案例说明,行动观察法能成功开启灵感之门。

专栏 2

增强去污力,缩减容量,实现包装简约风

长期以来,洗涤厂家间的竞争焦点主要是"提

高洗涤产品单位体积（质量）上的清洁力"。简单来说，操作方法是这样的：向一定量的待洗衣物（水的容积）中投入洗衣液，且要尽可能地减少投放量。例如，每天一次性清洗3kg的衣物（水45L），计算连续30天所需的洗衣液总量，就按这个用量来设计包装并销售产品。

每瓶洗衣液的使用次数基本和大多数的洗衣液一样。例如，以往推出的狮王洗衣液"TOP 洁白物语"，3kg的衣物需要30g的洗涤剂，30天就是900g。大容量可以设计成1kg来销售。相比之下，"TOP HYGIA"洗衣液的标准使用量为15g，包装改为450g，采用的是更轻便的小瓶身。因此，"TOP HYGIA"洗衣液和与它具有同等去污力的洗衣液都被归类为"超浓缩洗衣液"。

对去污能力如此执著，是为了减轻使用者搬运及劳动的身体负担。日本狮王不仅考虑到了消费者购买产品拿回家时产品本身的重量，还关注到了消费者更喜欢"使用时可以随意拿起"的便捷性。而且，容量缩减后瓶身也会变小，能节省收纳空间。这些都是洗衣液的附加值。

当然，强去污力范畴内的王牌产品"TOP NANOX（高效洁白衣领净）"洗衣液使用了日本狮王独家研发的从植物中萃取的界面活性剂"MEE（脂肪酸甲酯乙氧基化物）"。MEE能对气味源头的油酸等的污渍进行纳米级别的分解，可以轻松去除纤维缝隙间藏匿的污垢。

05　万代"VooV"：享受双倍快乐的迷你车

——用产品差异化的概念开拓市场

学龄前儿童，尤其是男孩必入手的玩具之一是迷你汽车①。而在迷你汽车领域成功开拓出一片新市场的，正是万代公司（总部位于日本东京）的"VooV"（图2-17）。"VooV"的产品特征是一辆玩具有双面孔，其结构可以左右前后展开，底部反过来组装后能变身成另一款车型，如轿车可以变警车、特快列车可以变日本新干线等。可以说，万代产品线中的产品多种多样。

---

① 此处介绍的"迷你汽车"不仅有汽车，也包含仿真列车等。

"VS"汽车系列

"VL"列车系列

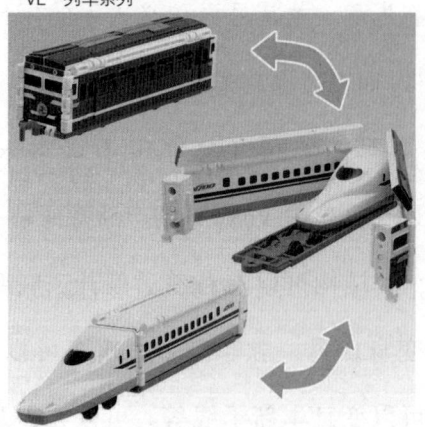

图 2-17 变形迷你玩具汽车"VooV"

照片为"VS"汽车系列和"VL"列车系列。汽车系列中,像警车这种"作业车种"最受欢迎。列车系列中,比较重视快速推出新车型,如东日本旅客铁路的新干线"E6"等。

大家一致认为,"一辆玩具车两种享受"(万代公司男孩事业部企划第二组副组长长谷川步)的产品被赋予了新的价值。2010年3月,该系列上市销售,一年内就售出了120多万辆,累计销售达到近320万辆。在玩具行业,年销量达到10万就算火爆。尤其是像"VooV"这种已经是一个固定品牌的专属产品,"能达到这种销量更是实属罕见"(万代公司)。

▶植入产品差异化的概念

原本,学龄前的男孩儿比较喜欢的玩具主要是"英雄人物"和"交通工具",而万代公司最擅长的类型是英雄人物。像英雄人物这一类的玩具,产品大多取自高人气电视节目里的人物形象。虽然这些产品很可能成为爆款,但是产品的销售周期很短。开发长期销售的产品系列成了万代公司亟待解决的课题任务。

于是,一个新项目浮出水面——开发一款前所未有的迷你玩具汽车。仿真的迷你玩具汽车可以经常更换车辆款式,一旦创立为品牌,就可以持续获取收益。但在迷你玩具汽车领域,多美公司的"多美卡"在日本国内市场的地位无法撼动,起步较晚的万代公司即便推出类似产品也毫无胜算。

万代公司静下心来回归到最初的起点:万代公司的特征是什么?他们注意到一个关键词——"变形"。万代公司最拿手的是英雄人物款玩具,它们大多是身体结构可动、可随意变换各种造型的产品[1]。变形的元素既可以让男孩儿在玩乐时感到愉快和惊喜,又可以拉大万代公司与其他公司的差异。

一般的迷你玩具汽车,受众对象不限于学龄前的男孩儿。要保证玩具车的外观、移动方式和实物

---

[1] 万代公司上市销售的产品中具有变形功能的玩具较多,所以在玩具领域中注册了"变形"商标。

一模一样,就必须做到高还原度。

乍一看,玩具汽车和"变形"毫无关联。但是万代公司认为,在迷你玩具汽车领域中强行引入差异化概念"变形"后一定能产生新价值。

以此概念为基础,万代公司开始制作"VooV"车模的样品,让学龄前的男孩儿试玩。结果,反响超出预期,万代公司最终决定将其商品化①,并且开始与机动车厂家和铁路公司接洽,确定使用真实车辆的外观设计。接洽前,万代公司设想过这些公司可能因为接受不了"变形"这种奇特想法而拒绝合作。但事实是,很多公司觉得很有趣。"反而是我们为了实现对方公司的设计理念煞费苦心。"(长谷川步)

---

① 不仅向试玩对象提供了"VooV"的样品,还提供了其他公司的玩具车和玩具,以观察孩子们的反应。

▶汽车变成机器人的手和脚

"VooV"需要可变形的身体结构,还需要保证安全性,因此价格比"多美卡"等同类玩具要高一些。例如,小轿车和商用车的"VS"系列的售价为756日元(含税),而多美公司推出的普通小轿车和商用车的售价为378日元(含税),万代公司出品的玩具价格正好是多美公司玩具的两倍。但是,"一辆玩具车两种享受"——面对性价比如此高的产品,孩子家长普遍可以接受这个价格。"我们的出发点不是去抢占多美公司的市场份额,而是打开一个新领域。"(万代公司)

2010年3月上市销售后,万代公司继续扩充产品线。2012年3月,针对年龄段更低的幼童,推出了可变形玩具车"FR"系列(图2-18)。车辆底部和车辆其他部位之间有一个万向接头,可轻松变形。这个结构还有一个优点——不同款的车辆底部部分是相通的。车身尺寸呈迷你设计,价格也控制在525日元(含税)。

图 2-18 "FR"系列

万代公司收到了一些反馈,希望年龄段更低的孩子也能玩变形车。于是,新产品的研发工作开始了。

并且,同系列产品的底部设计是通用的,基于这个特征,万代公司又新开发了一款产品"VOOVG变形合体汽车机器人",车辆底部可变为机器人的手和脚(图 2-19)。该产品将机器人、英雄元素和"VooV"的交通工具元素集于一身,打开了更广阔的市场。

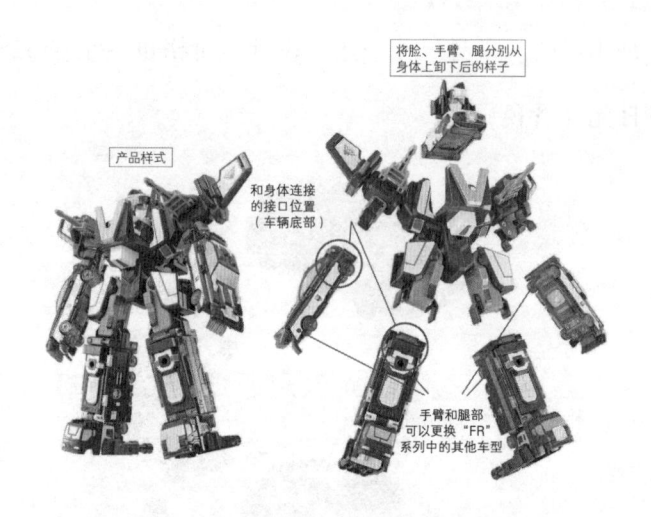

（图中标注：
- 产品样式
- 和身体连接的接口位置（车辆底部）
- 将脸、手臂、腿分别从身体上卸下后的样子
- 手臂和腿部可以更换"FR"系列中的其他车型）

图 2-19　"VOOVG 变形合体汽车机器人"

"FR"系列的车辆可以充当它的手和脚。头部也是汽车，不同的是，它是此产品中包含的专用车。

现在，许多消费者和经销商仍然非常称赞万代公司的想法。未来，万代公司计划在迷你玩具小汽车领域继续加入"变形"这个特殊的想法，开发多种多样的产品。

06 山善"UQUA"蓝牙音箱：低价格家电+品牌影响力

——专业的委托方确保产品的高品质

截至 2013 年12 月12 日，电商平台日本亚马逊（amazon.co.jp）的"数码音箱扩音器畅销排行榜"上有一款产品超越了索尼和 JBL 等家电巨头，一举登上了销量榜首。它就是在中低档价格家电中销售业绩突飞猛进的山善（YAMAZEN）公司推出的"UQUA"（图 2-20）。

"UQUA"是一款可浮在浴缸里供人欣赏音乐的蓝牙音箱。至此，无线蓝牙连接音箱首次实现了防水规格（JISIP X6 级别）。此外，"UQUA"还采用了近现代感的球形设计，内置三种可选的 LED 闪灯模

图 2-20 山善的蓝牙音箱"UQUA"

浮在浴缸里可听音乐。

式（连续闪灯、每隔 15 秒明暗交替、灭灯），三种模式可随意切换。这件具有先进功能并设计感十足的产品，销售价格仅为 4480 日元（截至 2013 年 12 月 12 日日本亚马逊电商网站的售价），低廉的价格也是其销量猛增的一大原因。

说起低价格家电，大多都是那种价格低廉、性能和设计都普普通通的产品，但"UQUA"与众不同。它在业内率先以"蓝牙连接并可全方位防水"为卖点，设计款式也丝毫不逊色于其他大公司的水准。每台4000日元左右的售价吸引了大批消费者的关注，在实现低廉价格的同时，还使消费者"拥有了一款可炫耀的产品"。用户好评，赋予了该产品新的价值。

▶ **实施大胆的低价格销售战略**

山善的电扇、山善的被炉……

无论是电扇、被炉、电热毯、电热炉等季节性家电，还是微波炉这种厨房家电，山善公司都有很长的制造历史。30多年前，该公司加入到家电行业，此后便开辟了低价格的新领域，并且一直走在前面。

"1990年年末，当时行业里被炉的最低售价大概是2.98万日元1台，我们却卖到了1.98万日元1台，获得了很大的市场份额。"负责山善公司家电业务的高级执行官、家电业务部副总经理、产品管理部（东京）副总经理白石忠史讲述了整体经过（图2-21）。

图 2-21 山善公司家电业务的高级执行官、家电业务部副总经理、产品管理部（东京）副总经理白石忠史

事实上，曾经无人问津的塔扇（塔式风扇）也得益于山善公司在市场上有了一席之地。"当塔扇的销售价格还在一两万日元的时候，它很难在市场上立足。所以我们发售自家产品时，将它的售价定为4980日元，轻易拿下了整个市场。"（白石忠史）

山善公司持续打出低于其他公司的低价格战术，使其生活家电销量持续增长。2006 年，山善公司的生活家电（自有品牌）的销售额已经达到了 130 亿

日元，之后年年增高，2013 年实现了销售额 300 亿日元的销售目标（图 2-22）。

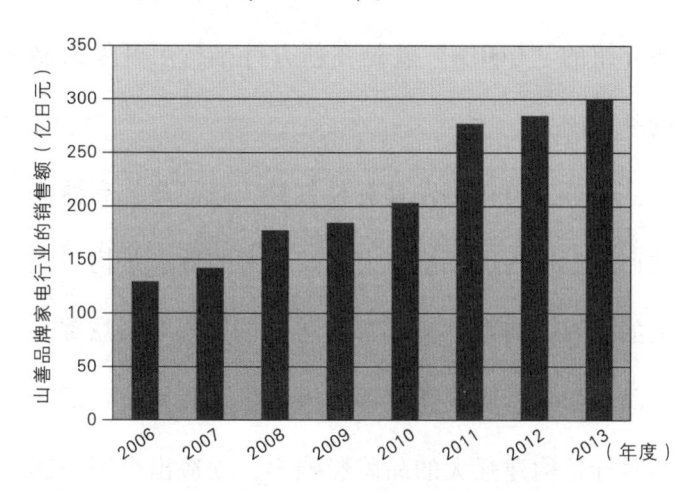

图 2-22　山善公司品牌家电行业的销量走势

2006 年以后，呈持续递增趋势。

▶活用过往积累的经验

山善公司确保并巩固了低价格家电的企业地位，但它并没有安于现状。其在家电事业中用低价格实现顾客对产品价值的追求——未来，这依然是山善公司家电事业的核心力量。与此同时，山善公司开始推行另一个方针——"积极向市场投放具有独创性、高品质、高性能的产品"（白石忠史）。本节开头介绍的"UQUA"就是在新方针推行后开发研制的一款产品。

山善公司在研发具有独创性、高品质、高性能的产品上投入了大量精力，其最大的诉求是构建强大的品牌影响力。"奢侈品牌可以创造出令人炫耀的产品，如路易斯威登或者苹果手机。我们公司最终的目标是构建强大的品牌影响力，创造出令用户感动的产品。"（白石忠史）

为了实现品牌影响力，山善公司不断努力提高"UQUA"的业绩水准。"某本面向消费者的杂志上登载了一条评价，恰好是一位设计专家买了我们的产品，称赞说'4000日元1台的音箱，音质和操作体验感都很不错'。我们十分骄傲自家的产品能给消费者带来感动。"（白石忠史）

"UQUA"的研发之路是怎样的？山善公司的研

发人员活用了以往的经验。实际上，在"UQUA"进行产品研发之前，山善公司就在市场投入了一款具有防滴水功能的音箱。它是一款不怕水的产品，即使在浴室里沾上一些水也能正常工作。同时，它可以插入SD卡，通过USB传输数据即可播放音乐。

但是，这种防滴水音箱存在一个问题，即使用者在浴室里没有可以放置的地方。日本浴室本来空间就不大，仅能放置一些小物件，否则"家人会埋怨东西太碍事了"（白石忠史）。

▶ 降低全方位防水的开发风险

研发"UQUA"之前，山善公司考虑制造一款可以解决"放置问题"的产品。"为了解决浴室空间问题，我们决定制造一款可以放在浴缸中的产品。"（白石忠史）

就这样，"UQUA"具备了比防滴水还要先进的全方位防水功能［图 2-23（a）］。除此之外，考虑到用户对空间放置的不同需求，山善公司还在音箱上设计了一个挂扣孔，以方便用户将"UQUA"挂在浴室的墙壁上［图 2-23（b）］。"防滴水音箱只能

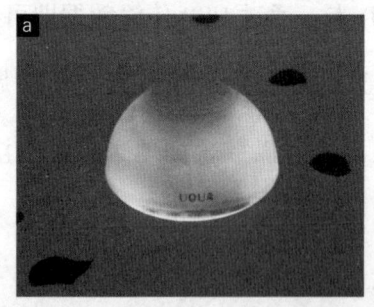

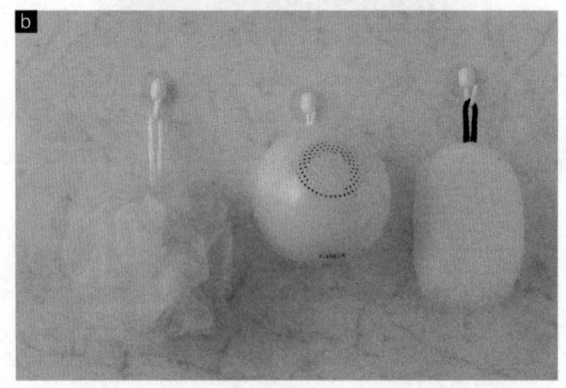

图 2-23　活用以往经验，增添用户所需功能

（a）"UQUA"实现了全方位的防水功能，可漂浮在浴缸中。
（b）为了节省空间，音箱上附带挂钩，用户可将其挂在墙壁上。

防少量的水,但是'UQUA'可以漂浮在浴缸中。为了将这个特征发挥到极致,我们在设计样式上也花了不少心思。例如,采用球形外壳设计,通过LED灯光营造温馨气氛等。"(白石忠史)这些功能抓住了用户的心,"UQUA"的销售数量实现了大幅增长。

得益于山善公司过往积累的技术经验,"UQUA"成为第一个达到防水规格(JISIP X6级别)的蓝牙兼容扬声器。山善公司在研发防滴水音箱更早之前,已经成功研发出了一款具有防水功能的CD收音机。"从技术角度出发,实现可浸泡在水里的全方位防水效果的难度很大。毫无经验积累,一上来就挑战全方位防水产品的市场投入,技术开发的失败风险会很高。正是因为有不断研发的经验,我们才能实现全方位的防水效果。"(白石忠史)

▶ 以销量为优势，打造专属合作方

虽然山善公司致力于彻底的产品策划和销售，但它一没工厂，二没自己的设计部门。

为什么这样一家公司可以将独创产品投入市场，并且还能做到畅销品的大量上市呢？答案是，山善公司通过建材市场、电器商城和网络销售平台建立了一个销售网络，使其可以进行大量的低价销售。当销售量十分庞大、独具优势之后，它便顺势创造了"专属"的OEM/ODM（委托制造/委托设计）企业和生产工厂（图2-24）。

例如，山善公司的产品设计开发和品质管理主要外包给了两家公司，这两家公司的收益均来自山善公司的业务。当然，这两家公司的员工只为山善公司工作。包括这两家公司在内，在负责设计研发的合作方、品质管理合作方中，"至少有150多人专职为山善公司工作"（白石忠史）。山善公司委托的

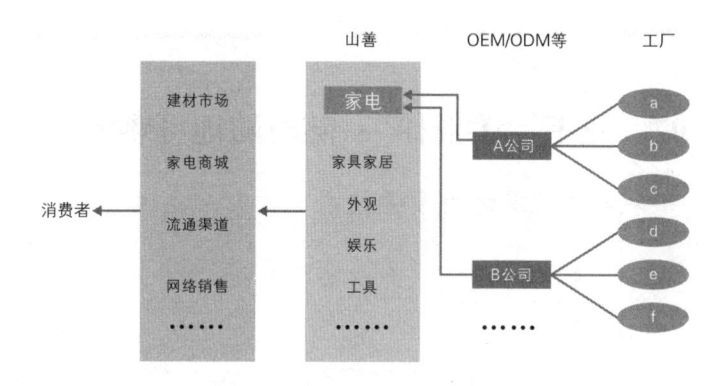

```
建材市场        山善            OEM/ODM等     工厂
家电商城        家电  ─────→   A公司  ──→   a
                家具家居                  ──→   b
消费者 ←── 流通渠道   外观              ──→   c
                娱乐           B公司  ──→   d
网络销售        工具                      ──→   e
                                          ──→   f
......          ......         ......
```

图 2-24　外包设计研发和生产

山善公司不具备家电的设计研发和生产能力，这些业务都外包给了合作方。

业务范围十分宽泛，包括设计研发、测试、品质确认、品质保证、修理、客服中心等。客服中心主要负责处理山善公司的产品咨询热线，提供维系客户的基础服务。

"是否能找到一家优质的外包业务合作方，将会直接左右企业的竞争力。当然，我们也会不遗余力地努力拼搏。比方说，当一家备选的新生产委托厂家提出想要合作的时候，我一定会亲自约见对方企业的一把手，并且对整个工厂进行全面考核。"（白石忠史）

07　花王"美舒律":随时随地可热敷

——蒸汽眼罩运用多项技术

想象一下,你横躺在一张背椅高高的躺椅上,脸上盖着一块热气腾腾的毛巾,嘴里说着"哇,好舒服"。男性在理发店、女性在美容院和按摩店里肯定有过类似舒适的体验。

花王公司就研发出这样一款产品——"美舒律"蒸汽眼罩。它是一种一次性轻薄贴片,主打"随时随地可热敷",温润的蒸汽包裹着双眼和肩颈,让用户享受惬意的时光(图2-25)。花王公司分别于2005年推出了晚安蒸汽贴、2007年推出了蒸汽眼罩。此后,花王公司为丰富产品线又新添了香型款。截至2013年

11月，仅一款蒸汽眼罩就累计销售了1.74亿片（按5片装、10片装的盒装数量计算，约售出2500万盒），销量可谓是异常火爆。

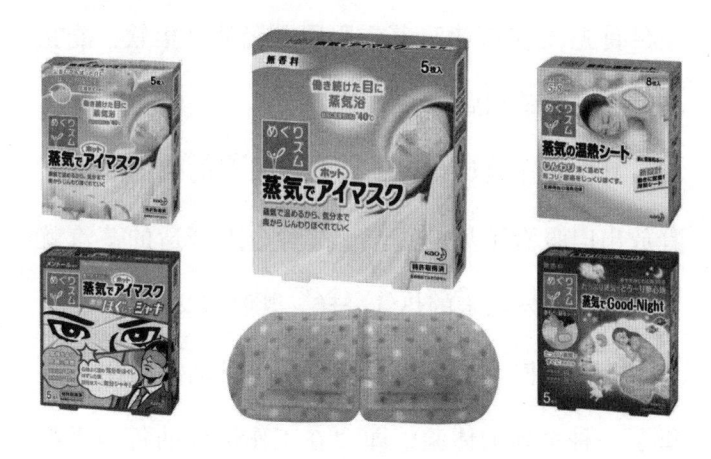

图 2-25 "美舒律"产品展示

右上图为2005年销售的肩部发热蒸汽贴，中上图为2007年销售的蒸汽眼罩。此后，花王公司又推出了薰衣草香型和柚子香型眼罩（左上）、睡前使用型眼罩（右下）和薄荷香型凉爽醒目眼罩（左下），充实产品种类。

判断"美舒律"好用与否极其简单：从包装袋里取出无纺布的贴片，将眼罩戴在眼睛上，蒸汽贴可放在肩膀和腰部；贴片数秒后即可发热，释放出40℃左右的温润蒸汽（持续10分钟~8小时，每款产品略有差异）。

可能有人会说这款产品和一次性暖宝宝毫无差别。但实际使用之后你会发现，它们之间千差万别。

首先，"美舒律"蒸汽眼罩既轻薄又柔软，能完美贴合在眼睛和肩膀部位。

其次，在温热状态下，蒸汽眼罩的侧面能不断释放出肉眼看不见的蒸汽。这种令人舒适的蒸汽就像热毛巾散发出来的热气一样，既温润又细腻。

"美舒律"成为爆品的最大原因是它向用户提供了一种全新的体验，即"在工作忙碌的每一天都能轻松享受惬意的时光"。那么，花王公司是如何研发出这样一款能给用户带来新体验的产品的呢？这与其特有的"创造爆款的机制"有很大的关系（图2-26）。

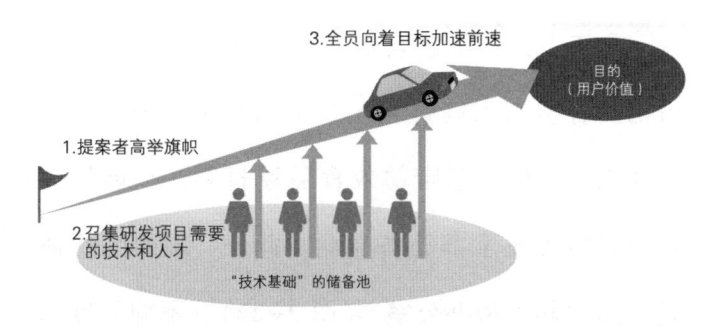

图 2-26　花王公司"创造爆款的机制"

　　为有效实现员工的想法，花王公司设立了一个特殊机制。首先，员工有了具体想法后，只要明确解释出产品研发的目的（用户价值）就可以举起项目成立的旗帜。其次，花王公司内部的技术员在听取研发目的后，会提供相应的技术支持。最后，各种技术融合在一起，通过重新组合调整之后，便能创造出前所未有的划时代产品。

▶花王公司的爆款机制

　　我们来看一下花王公司最具代表性的产品研发制度：首先，由构思出产品概念的员工（提案者）说明产品研发的目的（用户价值），明确后即可立项；其次，到公司的各个部门去召集有相关技术的特殊技术人才。

事实上，花王公司有自己的研究所，主要进行消费者清洁和健康相关技术的基础研究。表面活性剂、香料、健康功效食品原材料、功能性无机原材料等技术都储备在此。此外，该研究所还是一间"超大型办公室"（图2-27）。不同领域的研究人员都聚集在这里，一边交换意见，一边进行研究工作。

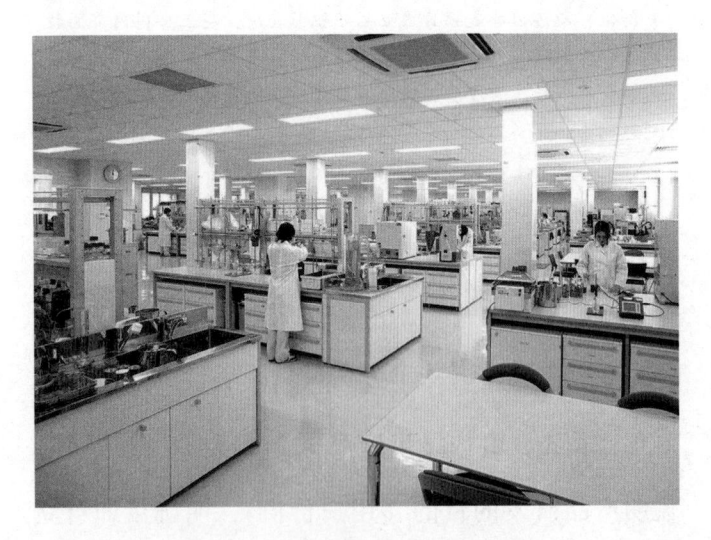

图 2-27 "超大型办公室"的研究所

花王公司将负责基础技术研发等的研究人员安排在一个"超大型办公室"里。不同专业领域和负责不同领域的研究人员在同一个地方工作，可以互相了解彼此的专业领域和各自的性格特点。

花王公司的机制是：以提案者为中心，高效集中公司内部的特殊技术。花王公司采取的方针是：提案者从始至终都是项目负责人。当然，创造一款前所未有的产品绝不是那么容易的事，需要花费大量的人力和时间，一切才能步入正轨。即便如此，还是有很多人举起手说"我想试试"，并且咬牙坚持到了最后。

"美舒律"蒸汽眼罩就是花王公司人类保健研究中心的铃木敦构思的[①]。

▶想法从抽象到具象

铃木敦原本隶属于负责软盘研发的信息情报事业部门。花王公司在 1998 年结束了此项业务后，他

---

① 所属部门的正式名称为"人类保健研究中心个人保健研究所人类保健事业部个人保健事业组"。铃木敦担任第二研究室主任研发经理。

就被调到了研发健康护理相关的家庭用品部门。如本节开篇所述,"随时随地可热敷"就是在那段时间构思出来的。

蒸汽眼罩为什么会让人感到如此舒适?这样简单的一个提问恰巧成为灵感来源。在研究蒸汽眼罩的过程中,铃木敦突然发现了一个事实:"同没有蒸汽的干热相比,蒸汽的温热会更好地传递到肌肤深处,因为空气比干空气的热传导率更高。温暖全身、促进血液流通、缓解肩膀疲劳、身心舒适爽快,这些都是'蒸汽'在发挥作用。"有时候,领悟往往来自短短的一瞬间。

铃木敦当机立断,成立了研发蒸汽温热产品的项目小组。该产品向用户提供的新价值是"在工作忙碌的每一天都能轻松享受惬意的时光"。花王公司向全公司公示了这个用户价值(花王公司称为"集体价值"),并且在公司内部召集了不少赞同铃木敦想法的人才,集中了可用于新产品研发的技术。最终的成果,就是诞生了"美舒律"的基础技术。

"美舒律"的基础技术有两个:一个是水分子无法渗透,但是含有水蒸气的空气可以通过的"透湿性贴片";另一个是能保持贴片柔软并可大范围持续温热的"自发发热体"(图 2-28)。

▶活用尿不湿和洗衣液的技术

透湿性贴片是婴幼儿尿不湿"妙而舒"(1983 年上市)的底垫(尿不湿外侧使用的垫子)首次用到的产品技术。肌肤感到有蒸汽的原因是湿气透到尿不湿外面,但尿液不会漏出来。这一技术也是考虑到"不想让宝宝们的屁屁变闷热"的普遍需求而研发出来的。

"美舒律"运用了这项技术,将可转化为蒸汽的水和发热体密封在同一个包装材料内。因为只有蒸汽可以透过包装材料,所以避免了使用者的肌肤和

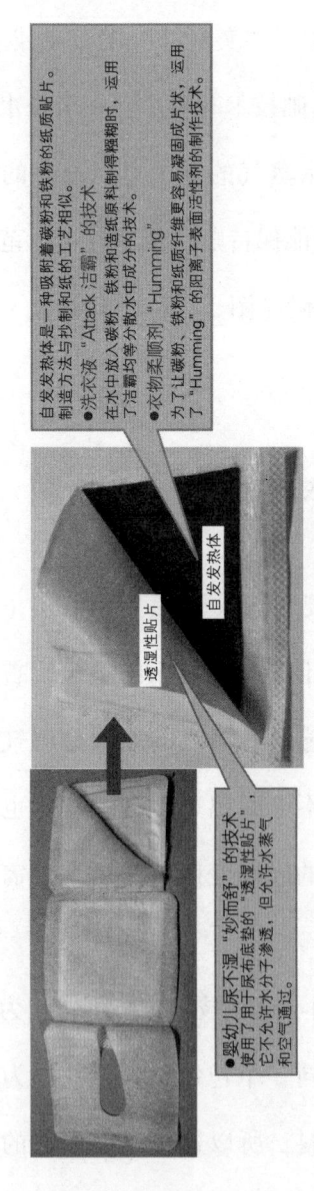

图2-28 "美舒律"采用的技术

透湿性贴片

自发发热体

- 婴幼儿尿不湿"妙而舒"的技术。使用了用于尿布底垫的"透湿性贴片",它不允许水分子渗透,但允许水蒸气和空气通过。

自发热体是一种吸附着碳粉和铁粉的纸质贴片,制造方法与抄制和纸的工艺相似。
- 洗衣液"Attack洁霸"的技术。在水中放入碳粉、铁粉和造纸原料制得糨糊时,了洁霸均等分散水中成分均水中成分。
- 衣物柔顺剂"Humming"为了让碳粉、铁粉和纸质纤维更容易凝固成片状,运用了"Humming"的阴离子表面活性剂的制作技术。

"美舒律"集合了花王公司创造的三大品牌(婴幼儿尿不湿"妙而舒"、洗衣液"Attack洁霸"和衣物柔顺剂"Humming")中运用的技术。

衣物直接与水分接触。

此外，如字面意思一样，自发发热体是发热的主体，相当于暖宝宝袋中的发热体。暖宝宝里面装的是碳粉和铁粉等粉末状固体，而铃木敦率领的研发小队决定用装满粉末状的超薄贴片来代替粉末。"与肌肤贴合的紧密程度将直接影响到是否舒适和放松。"（铃木敦）还有一个原因，那就是一堆粉末堆在一处会影响发热体的发热温度，必须让肌肤感受到均衡的温热。

对制造贴片发热体起到关键作用的是洗衣液"Attack 洁霸"（1987 上市）和衣物柔顺剂"Humming"（1966 年上市）中运用的技术。蒸汽贴的制造运用了抄纸法，使用了洗衣液和衣物柔顺剂中的两大技术，而两大技术活用的部分大致上又分成了两道工序。

第一道工序，制造生产纸的原材料——纸浆和含有碳粉、铁粉的液体（糨糊状）。这道工序中运用了"水中的成分可均一扩散"的"Attack 洁霸"的制造技术。在开发阶段，如果发热体的成分不能和纸浆材料充分混合，就会导致材料出现结块，贴片无法变薄。

第二道工序，利用抄纸法的精髓，用制得的糨糊来做贴片。在这道工序中，衣物柔顺剂"Humming"的阳离子表面活性剂技术发挥了很大作用，解决了"发热体等成分扩散后导致必要成分从抄纸网中析出"的问题。

"虽然我们在研发阶段遇到了数不清的难题，但在关键时刻总会有团队成员伸出援助之手。说实话，仅凭一己之力，我们很难突出重围。"（铃木敦）

这就是花王公司打造爆款的源泉——拥有一群永远心连心、技术经验丰富的人才。

第三章

产品高附加值的设计方法

低价竞争白热化的今天,很多日本厂家凭借多功能或附加功能崛起。但是,消费者真的需要这些功能吗?在我们称之为"生活家电"的电器产品中,也有实现单价提升,长期占据畅销榜的产品。这些产品不是靠功能的数量来竞争,而是靠产品应该具备的基础功能来取胜。

基础功能才是消费者期盼的"本质功能",我们应该从中研发创新技术。从这些家电产品中,我们可以学到与多功能化截然不同的、能够赋予产品高附加值的方法。

01 热销品的目标：持续十年价格翻倍，关注"多功能化"

在超薄电视等数码家电陷入销售低谷的电器行业中，还有一道希望之光，那就是家庭日常生活中使用的"家用电器"销量还不错。很多人觉得低附加值的"日用品"也曾辉煌一时，家用电器和它类似，但现实情况并非如此。

当然，这并不意味着家用电器中的所有产品的销量都在节节高升。仔细分析会发现，高价且畅销的"销售爆品"都是各家公司业绩的主要贡献者（图3-1）。例如，夏普公司研发的微波炉"HEAL-SIO"在售价超过10万日元的产品中，销量排行靠

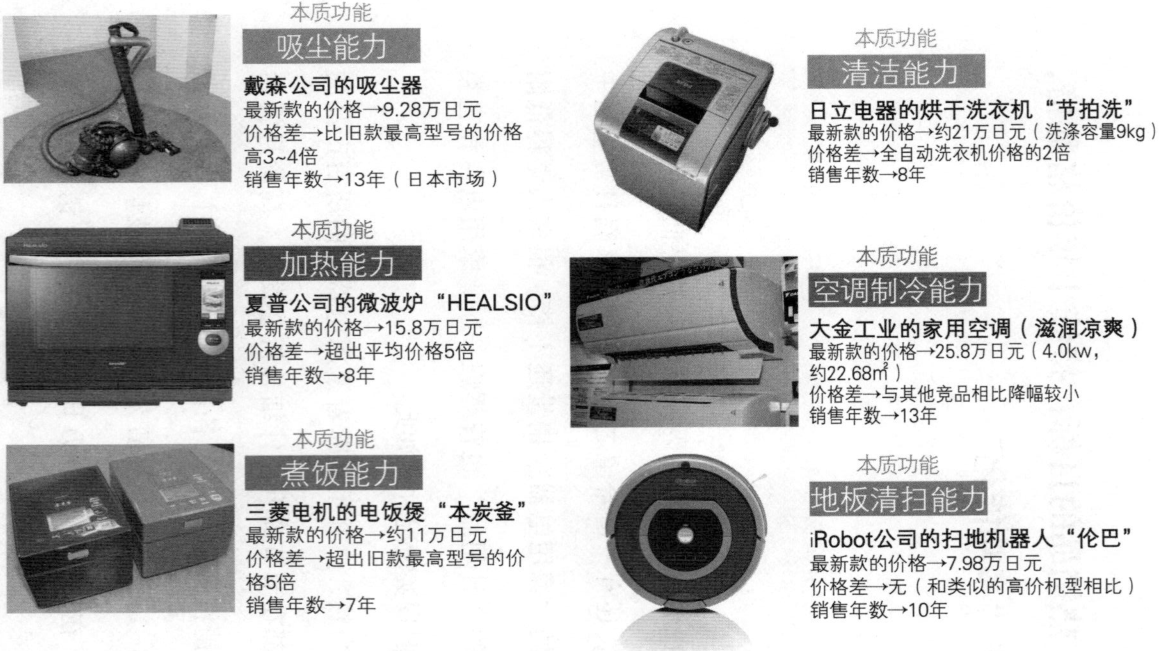

图3-1 高价且畅销的家电产品

本质功能 吸尘能力
戴森公司的吸尘器
最新款的价格→9.28万日元
价格差→比旧款最高型号的价格高3~4倍
销售年数→13年（日本市场）

本质功能 加热能力
夏普公司的微波炉"HEALSIO"
最新款的价格→15.87万日元
价格差→超出平均款5倍
销售年数→8年

本质功能 煮饭能力
三菱电机的电饭煲"本炭釜"
最新款的价格→约11万日元
价格差→超出同款最高型号的价格5倍
销售年数→7年

本质功能 清洁能力
日立电器的烘干洗衣机"节拍洗"
最新款的价格→约21万日元（洗涤容量9kg）
价格差→全自动洗衣机价格的2倍
销售年数→8年

本质功能 空调制冷能力
大金工业的家用空调（滋润凉爽）
最新款的价格→25.8万日元（4.0kw，约22.68m²）
价格差→与其他竞品相比降幅较小
销售年数→13年

本质功能 地板清扫能力
iRobot公司的扫地机器人"伦巴"
最新款的价格→7.98万日元
价格差→无（和类似的高价机型相比）
销售年数→10年

这些产品比旧款产品的价格提升了2~5倍，销售年限长达7~13年。例如，大金工业的空调"滋润凉爽"，虽然产品的单价难以翻倍，但与其他竞品相比，其降价幅度调整在可控范围内。为了打造强大的品牌影响力，可以倾听参售店销售的反馈——如果消费者的"指定购买"很多，则十分有利于销售。

前且最新款机型的价格是 15.8 万日元①。这个价格超出平均价格 5 倍之多,成为同类产品中售价最高的产品(根据夏普公司的调查结果得出)。

夏普公司出品的微波炉"HEALSIO"采用了一项新技术——利用过热的水蒸气加热食材,在烹饪的过程中,可去除食物中多余的盐分和油脂。其成功抓住了关注健康的目标受众群体的需求。自 2004 年上市起,同系列产品占据畅销品榜单长达 8 年之久。

三菱电机公司推出的电饭煲"本炭釜"系列的情况与之十分相似。其采用了加热能力较强的碳制内胆,煮熟的米饭颗粒饱满且分明。零售店铺称它为电饭煲行业里的"横纲",实现了米饭口感的最高境界。最终,"本炭釜"系列的售价比旧款高级机型高出 2 倍,持续畅销长达 7 年之久。

最典型的案例还有英国家电巨头戴森公司的吸尘器。其采用分段式多级离心技术,可实现超强吸

---

① 上市销售初期的实际销售预定价格。

力,甚至能吸净微米(μm)级别的超细小灰尘。虽然此款吸尘器的价格要比旧款旗舰型高出3~4倍,但是在日本推出上市后深受消费者喜爱,畅销长达13年之久,其强大的品牌影响力令企业自豪。

▶ **集中研发"本质功能"**

这些单价提升成功、实现长期销售目标的产品的共同之处,在于具有某种特定的基础功能,可从中创造出革新技术,产生与过往产品截然不同的"差异"(图3-2)。

反之,功能的种类和数量绝对不多。"HEALSIO"的"加热能力"、"本炭釜"的"煮饭能力"、"戴森吸尘器"的"吸尘能力"等,这些产品的研究都聚焦在基础功能上,不会过度追求增加附加功能(多功能化)。正是因为有了这些基础功能,企业才能看透用户的真正需求,在"本质功能"上集中资源进行研发。

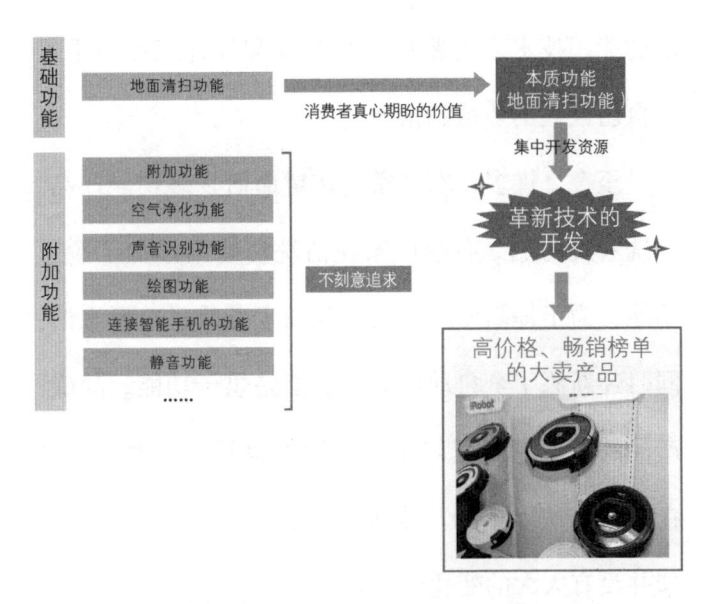

图 3-2 扫地机器人产品中发现的畅销产品的研发方法

在众多功能提案中，挑选出消费者真正需要的基础功能作为"本质功能"，故意忽略与本质功能无关的附加功能。并且，要集中资源研发本质功能，开发出前所未有的创新技术，实现同以往产品截然不同的、高价且销售周期长的产品。

但是，只将关注点锁定在基础功能上会造成一个产品只保留了旧款产品的基础功能，而它本身的价值必定会下降。说到底，企业还是要研发创新技术，让新产品具备远超旧款产品的性能水准。当然，技术还需要进行不断的改良和改善，以继续强化基础功能。技术人员要在这些开发和设计工作当中投入自己最大的热情和精力。

至今，许多日本厂家还在拼命研发多功能产品。以洗衣机为例。有些厂家在清洗功能上添加了脱水功能，为了提高便利性又将双桶水槽改成单桶水槽，同时还新添了全自动功能，甚至是烘干功能。的确，产品的功能越多越好用，附加值也越高。他们一直在坚持多功能式的高附加值设计，但市场反馈效果却并没有太大的变化。

按理说，许多技术人员应该意识到这种方法存在局限性——在很多产品中，用户需求的功能早已饱和。尽管如此，"为了避免价格滑落，各个厂家仍在努力抓住眼前的消费者，大力推出多功能一体化的产品。结果，反而是增加了一堆消费者看不懂的功能"（戴森公司）。

▶ "慢慢脱掉多功能的外衣"

率先和多功能一体化划清界限的是三菱电机公司推出的家电产品。三菱电机公司家用电器董事、家电产品技术部长长田正史说:"我们研发的基本方针,是从旧款产品的功能中慢慢去掉多余的功能,努力提升基础功能。"

这里所说的产品要比其他产品的价格高很多,并不是大众都可以接受的价格,目标对象只是能够接受产品价值的消费者。所以,以上战略未必适用于抢占市场份额。这种做法的优势在于能让销售利润大幅增长,附带还有经久不衰的销售周期。

如果企业想卖好自家的产品,就必须培养"抓住本质,专注基础功能"的思维,多花时间和金钱去创造革新技术,研发出创新产品。这看似有些绕路而行,收获却往往令人欣喜。

02　戴森的制造哲学：只在革新技术上投入时间和资金

"提到吸尘能力，肯定还是戴森最强。"多家零售店铺的店员都曾说过这样的话。这在戴森吸尘器的销售上起到了关键性作用（图3-3）。

图3-3　戴森公司研发的吸尘器"DC46"

戴森吸尘器中运用了离心分离原理，吸力持久不减弱。过去，吸尘器的尘袋一旦堵住就会导致吸力减弱，而戴森吸尘器为消费者提供了不同的产品体验，在市场上持续畅销。

事实上，其他竞争厂家推出的吸尘器在性能方面也毫不逊色：产品重量轻、静音效果好、传感器精准等方面均处于优势地位。当然，也有人表达过对戴森吸尘器的不满，觉得它"又笨重，噪声又大"（上文提到的零售店铺的部分店员）。并且，它的价格还高达9.28万日元。

尽管如此，就凭"吸尘能力"这一点，希望家里一尘不染的消费者最终还是会选择戴森公司生产的吸尘器①。很多消费者认同戴森吸尘器的吸尘能力所带来的价值，并且愿意支付高昂的价格来换取它的价值。

销售业绩的数字极具说服力（图3-4）。戴森公司在2012年9月公布的2008～2011年（1～12月）的销售额整体呈上涨趋势，2011年突破了1400亿日元（10亿公司债券，1公司债券约为140

---

① 购买者不限于高消费人群。实际上，在戴森公司的用户调研结果中，年收入和市场差别方面没有发现特别的倾向。

日元)。值得强调的是,这三年的利润率分别为29.5%、26.7%和29.0%,持续保持着高水准的增长速度。

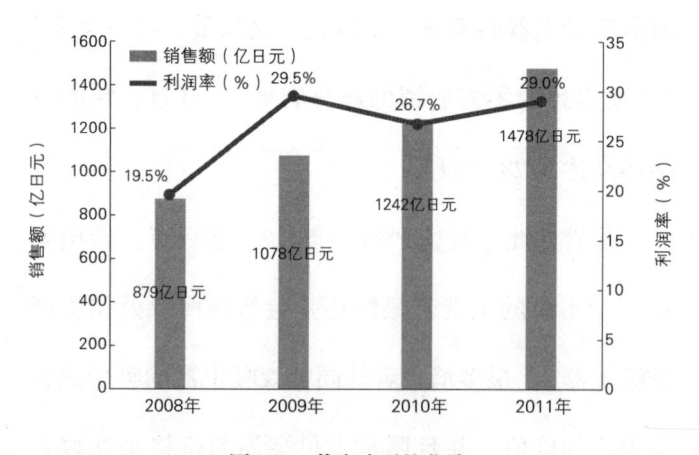

图3-4 戴森公司的业绩

2012年9月,戴森公司首次公开了公司业绩。尽管受到2008年的"雷曼危机"、全世界经济衰退和欧洲金融危机的影响,戴森公司仍然获得了直线上升的销售额和将近30%的高利润率。

在从本质功能中抓住一点来研发产品方面,全世界最成功的企业之一非戴森公司莫属。戴森公司的成功秘诀,在于其拥有与日本厂商截然不同的"制造哲学":

(1) 不关注竞争企业；

(2) 关注消费者的潜在不满；

(3) 不做市场调研；

(4) 无视商业竞争；

(5) 绝不低价销售。

下文将详细介绍戴森公司研发产品的解决方案。

▶改良技术不是新技术

戴森公司的制造哲学里渲染着创始人詹姆斯·戴森（James Dyson）浓厚的思维色彩。令人惊讶的一点是，即使拥有令很多公司羡慕的销售业绩，詹姆斯·戴森也毫不避讳地公然表示"我讨厌赚钱"（图3-5）。他的理由是，如果过度在意赚钱，公司就会朝着过度的利益主义或者错误的市场策略方向发展，从而阻碍了更好的产品的研发。虽然他是戴森公司的创始人,但他并不是实际经营者,而是现任的首席工程师。

图 3-5 詹姆斯·戴森

戴森公司的创始人兼首席工程师。他保持着自己特有的制造哲学,突出本质功能创造革新技术,让用户的生活变得更加舒适。

詹姆斯·戴森制定的公司研发方案中有两个关键词,分别是"差异"和"更好"。通过创新,企业能够研发出与现有同类产品不同的独特创新技术,创造出世界最强功能的产品。戴森产品中还蕴含着一个心愿,那就是希望使用者的生活质量可以变得更好。

其实,日本有不少厂商在强调企业运用创新思维研发新技术的重要性。戴森公司的独到之处在于敏锐的观察力,它是发掘创造革新技术的关键要素。"日本的厂商在改良旧款产品时倾向于附加功能的研发,但是我们更注重用户内心期望的真正功能,并且愿意努力开发革新技术。"(戴森公司)

用户内心期盼的真正功能,就是产品的本质功能。戴森公司针对吸尘器这个产品,在本质功能中选择了"吸尘能力"这个基本功能。并且,戴森公司还集中投入了大量研发资源,力图在吸尘能力方面实现技术革新。

▶不关注竞争企业

戴森公司发现,尘袋过滤式吸尘器在吸尘的时候,如果出现堵塞,吸尘能力会迅速下降。对他们而言，这一点正是研发独家吸尘器的大好契机。他们开始进行一系列的反复实验，用多段式离心分离气旋系统"多圆锥气旋技术"捕捉灰尘，研发出一款采用气旋技术的吸尘器。正是多段式离心分离技术的研发成功，让戴森公司拥有了与尘袋式吸尘器不同的革新技术。

这款吸尘器之所以被评为革新技术产品，在于整个使用过程中，它的"吸尘能力不会改变、采用唯一的吸尘方式"（戴森公司）。垃圾和空气一同进入较大的气旋（外缘气旋），加速空气运转产生的离心力，可以吸起地面上大块的垃圾或像毛发那么长的垃圾到集尘盒中。空气穿过遮板[①]上的开孔进入多个小圆锥形的气旋（内缘气旋）后会产生更大的离心力，将细小的微尘与空气分离。这项技术和尘袋式和过滤式的除尘方式大不相同，没有异物会阻碍空气的流动，吸尘能力也不会衰减。

---

① 遮板：外缘气旋和内缘气旋之间的隔墙。

当然，有了这项创新技术后，戴森公司并没有安于现状、止步不前。他们在此基础上进行了不断改良。因此，新机型"Root Cyclone 技术"的吸尘能力更加卓越。全新的最高配置机型"DC46"调整了内缘气旋的数量，从原来的 12 个增加到了 32 个，并且分为上下两排，每排 16 个（图 3-6）。调整之后，风量增大产生的离心力从以往的 293000G 提高到了 360000G。离心力越大，分离尘垢的效率越高，甚至像螨虫尸体那种 0.5μm 大小的细小微尘也能吸除干净。

戴森公司在研发出气旋式吸尘器之前，头脑中只有尘袋式吸尘器。吸尘能力降低时更换尘袋即可，没有人会感到不方便。因此，在公司创业初期，詹姆斯·戴森在向各大流通渠道介绍气旋式吸尘器的功能时，没有人愿意倾听。

现有产品中的"固定思维"壁垒，其实就是被人忽略的潜在的用户不满。戴森公司用敏锐的洞悉

遮板　　　　　　　　　　　　　　　　　　　　内缘气旋
　　　　　　　　　　　　　　　　　　　　　（各16个×2）

遮板
外缘气旋　　集尘盒
　　　　（透明的聚碳酸酯材质）

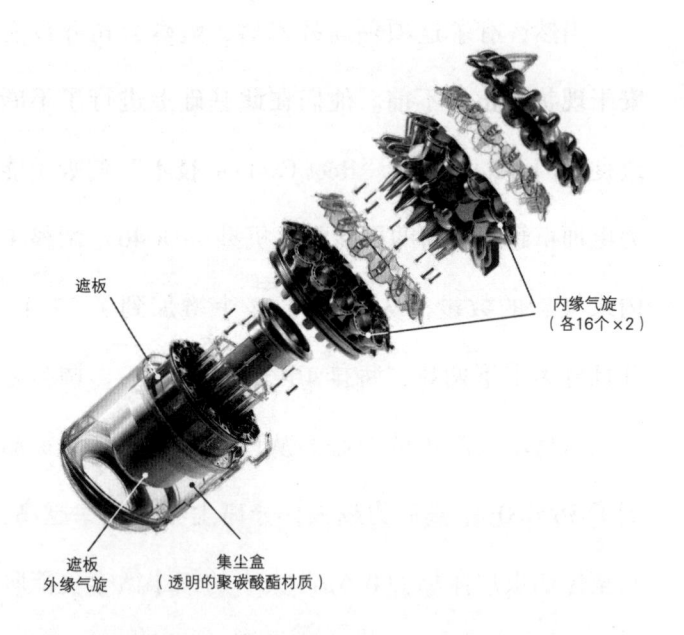

图3-6　多段式离心分离（气旋）系统"Root Cyclone技术"

　　戴森公司的一项革新技术。空气的流动产生离心力，利用空气和垃圾的密度差吸除垃圾。首先，大气旋（外缘气旋）可以吸除大块垃圾，然后由多个小气旋（内缘气旋）吸除微米（μm）级别的微小垃圾。全新推出的高配机型的内缘气旋增加到32个，离心力提高到360000G，甚至可以分离0.5μm的超细小灰尘。

力捕捉到了机遇，将研发资源缩小到了产品的本质功能上。

　　因此，"对现有产品抱有的不满，是公司技术人员找到突破口的关键"（詹姆斯·戴森）。

在创造革新技术这一点上,戴森公司并没有运用什么特殊知识。绞尽脑汁思考,坚持不懈地进行一次次的实验和测试,直到某一天将最好的技术研发成功——在这一点上,戴森公司和日本大多数的企业没有太大的区别。

当然,有一个差异需要承认,那就是研发革新技术的时候,戴森公司并不关注竞争企业。也就是说,戴森公司没有设定标准的想法。"倘若用标准的方法来衡量,恐怕创造不出与其他公司截然不同的产品。"(戴森公司)

此外,戴森公司还参考了其他领域或其他行业的技术。气旋式吸尘器的创造灵感来自粉末处理设备的离心分离技术。"Root Cyclone 技术"的成功是最完美的呈现。

被称为"无叶风扇"的戴森公司的风扇和暖风机与以往的风扇有着明显的差异,他们参考的是飞机机翼承受阻力的原理(图3-7)。最终,具备"Air

Multiplier 技术"的创新送风系统诞生了。

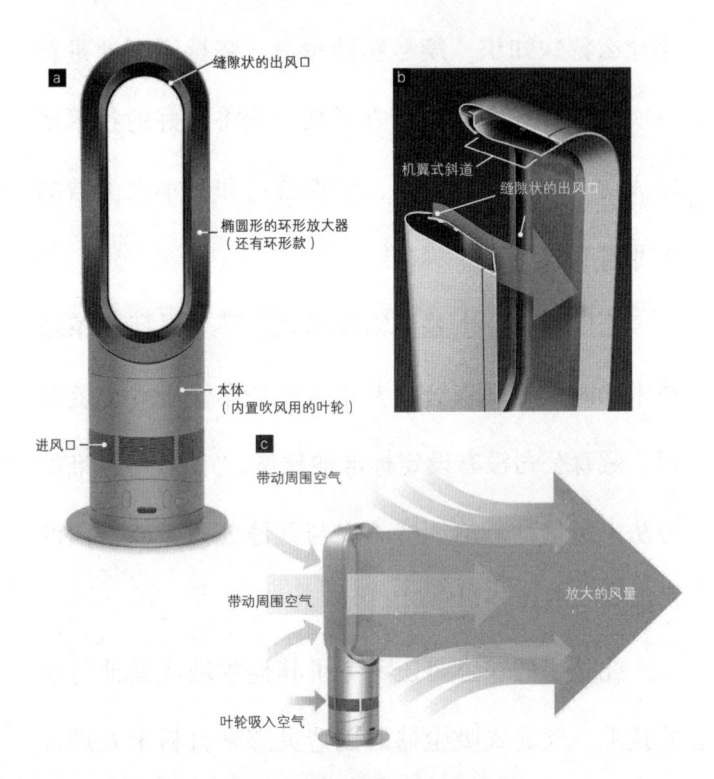

图 3-7 戴森公司的无叶风扇"AM04"

（a）外观。没有送风用的叶片。本体内部装有吹风用的叶轮，中空的椭圆形环形放大器上还有一个缝隙状的出风口，风从这里吹出。（b）环形放大器的横截面。带有类似飞机机翼的倾斜角度（机翼式的斜道）。（c）送风系统"Air Multiplier 技术"。加强从缝隙状的出风口吹出的空气，产生高速运转的暖气流。暖气流顺着机翼型的倾斜面流动，在出风口的周围产生负压，带动周围的空气流动。最后吸入的空气气流可放大为 6~15 倍的风量。

风扇（叶片）在圆筒形的本体内部，空气入口吸入的空气被输送到圆环形或椭圆形的框内（环形放大器）[1]。环形放大器是一个薄壁的中空结构，从它的横截面可以看出它带有类似飞机机翼的倾斜角度（机翼式的斜道），甚至设有缝隙状的出风口。空气从出风口喷出，顺着机翼式的倾斜表面高速流动，从而在出风口周围产生一定的负压，带动周围的空气流动。最后吸入的空气气流可放大为 6~15 倍的风量[2]。

根据此技术，如果是暖风机，就可以喷射出远距离暖气流，整个房间可以匀速均匀取暖。以往大多数的暖风机风量较弱，虽然本体喷射出的暖气能迅速上升，房顶温度较高，但房间整体很难均匀加热。

---

[1] 戴森公司把无叶风扇称为"空气增倍机"。此款无叶风扇的研发也参考了飞机的引擎技术。
[2] 风扇吸入的空气风量有 15 倍，暖风机的风量达到 6 倍。

▶ **不听取消费者的意见**

"应不应该拿出勇气摒弃多功能的选择?"詹姆斯·戴森面对日本厂商产生了这样的感悟。包括他在内,戴森公司的技术人员都认为日本厂商的技术人员整体都很优秀。即便是研发产品这一块从零部件到品质,日本厂商都在尽善尽美,具有超强的执行力。但是,从他们眼中,詹姆斯·戴森看到了对多功能追求的执念。

为什么日本大多数的厂商坚持追求多功能的产品,而戴森公司却相背而行?理由之一是市场调研。大部分的日本厂商一门心思搞市场调研,询问消费者想要什么,但是戴森公司的看法是"过于听取消费者意见会导致产品功能不断增加"。

实际上,戴森公司不做任何市场调研。"即便听取消费者的意见,我们也得不到本质功能和革新技术的灵感"(戴森公司)。退一步说,如果把消费者期望的本质功能作为研发目标，消费者本人也未必知道"正确答案"①。

一旦做市场调查，就会被"消费者声音"的结果左右。即便跟本质功能相差甚远，企业往往也无法忽视它的存在，很容易作为附加功能纳入产品研发。不做市场调研的戴森公司则能彻底做到断舍离，"可有可无的附加功能，割舍也无妨"，进而在研发本质功能的革新技术上投入大量的精力。

詹姆斯·戴森考虑的是"舍弃多功能，在产品的基础功能（本质功能）中认准一个。如果研发出来的产品在这个功能上无人超越，那么消费者自然会接受"。在日本厂商的产品中，他只对一款产品表达过敬意，那就是索尼公司专注播放功能而风靡一时的携带型袖珍播放机——"Walkman（随身听）"。

---

① 举一个极端的例子——材质透明的聚碳酸酯（PC）的垃圾盒"集尘盒"。戴森公司认为看到吸进去的垃圾，用户能够获得成就感，但是流通渠道却一致反对。他们认为"假如做市场调研，结果可能是要放弃这样的集尘盒"。而现如今不仅是戴森公司，可视化的集尘盒已成为吸尘行业的主流趋势。

▶绝不低价销售

戴森公司毫不理会流通渠道的价格战。家电产品分夏季营销大战和冬季营销大战，IT产品每三个月推陈出新并不稀奇。

厂商在每次的营销大战中都会投入新产品。"没有新品的投入，就会失去陈列的展台（空间）"，许多日本厂商为此忐忑不安。结果，便催生出了一些鸡肋的附加功能。

戴森公司充分认识到在本质功能中创造革新技术并非易事，因此会花费更多的时间和精力进行研发。一款新产品的研发通常要花费 4~5 年的漫长时间，因此戴森公司会把每年消售额的 5.1%~7.8% 作为经费持续投入到产品研发中。

当然，研发技术的成功未必能赶上营销大战的时间点。对戴森公司而言，产品得到公司内部的认可后，才算是到了产品的上市之时。

例如，前文介绍的无叶风扇，首次上市是在2009年10月。据说，当时各大流通渠道都很疑惑："为什么要在秋天销售电风扇？"对此，戴森公司给出的答案是："因为这是能最快展示给消费者的绝佳时期。"

值得一提的是，戴森公司主张让技术人员自己发掘有趣的课题，并且尽可能自由地开展研发工作。因为公司清楚地知道，将技术人员的积极性、好奇心和坚忍不拔的毅力完美结合在一起，才是通往革新技术大门的最佳捷径。

而且，对于千辛万苦研发成功的产品，戴森公司绝不低价销售。如上文所述，革新技术的研发会花费大量的时间与金钱，与之相应，价格自然不会便宜。戴森公司相信，哪怕价格再高，只要创造的本质功能处于全球最高水准，就一定会有消费者认同产品的价值，并且愿意花钱购买。

03 夏普"HEALSIO"微波炉

——烘烤时除油盐,提升水蒸气加热能力

30~40岁的女性是微波炉的主要目标受众群体。她们之中大约有九成人了解品牌名称,并且有一半左右的人会购买特定的产品。实际上,在超过售价5.98万日元的高级微波炉里,有一款产品的销量占到了总销量的四成以上,它就是夏普公司推出的"HEALSIO"(图3-8)。

2004年9月,"HEALSIO"的售价为12.6万日元,定价远超当时微波炉平均售价的5倍之多,而产品的火爆程度也大大超出了夏普公司初期的市场预估。此后,其推出的同系列产品的人气热度依旧

图 3-8 微波炉 "HEALSIO"

家电产品首次利用过热水蒸气为加热源,既能满足对脱脂和少盐效果的健康需求,还能烹饪美味佳肴。

不减,在实现超强品牌影响力的道路上,夏普公司一直在努力拼搏。

这款产品之所以深受消费者喜爱,是因为它具备的加热功能实现了健康和美味的双重效果。最为关键的一点是,它能继续用加热水蒸气产生的过热水蒸气来加热食材。

夏普公司用前所未有的创新思维——"水蒸气

微波炉"开拓了一片新天地。

▶加热从食材内部开始

微波炉内产生的过热水蒸气的最高温度可以达到250℃。过热水蒸气吸附在食材表面，相变为水。相变过程中，1g蒸汽会释放2264J［539cal（卡）］的潜热①。产生的潜热会传递到食材的内部，"就像从食品内部开始加热一样，会先升高食材内部的温度"(夏普健康、环境系统事业本部烹饪系统事业部产品企划部副参事北川秀雄)。

以往的加热方式（普通微波炉加热）中，热辐射会先开始加热食材表面，二者相比，它们的热量差距显而易见。例如，在230℃的温度下，微波加热的热风热量是1m³释放35kcal（千卡），而过热水蒸

---

① 潜热：物质发生相变而不改变温度时吸收或释放出的热量。

气可释放 298kcal，高出 8 倍左右。

　　用这种潜热来加热食材可实现更健康的烹饪效果。具体来说，就是可以去除多余的油脂和盐分。食材内部的温度升高后，食材中含有的油脂黏度会降低并慢慢地从食材表面渗出，而渗出的油脂会连同附着在食材表面上的水分一同流走。当食材表面附着水分时，为了使内外浓度相同，食材内部的盐分会从表面渗出。最终，渗出的盐分溶于水后会从食物中析出。

　　综上所述，"HEALSIO"微波炉是一款"既可去除多余油脂和盐分，又能保证食材新鲜美味"的带有加热功能的微波炉，满足了消费者对味蕾与健康的双重需求。

▶不做模仿品的理由

　　夏普公司研发"HEALSIO"的契机是寻找新型

加热能源替代微波炉的微波真空管（磁控管）。在日本，微波炉的普及率已经达到90%以上，是不断更新换代的生活必需品，如果低价销售，很难赢利。此外，原有的微波炉加热原理是通过食材中的水分子振动发热，会破坏细胞结构，造成食材原有味道的流失。如果无法在基本功能的加热源上进行颠覆，提高微波炉的附加值将十分困难。

在进行调研的过程中，夏普公司发现有人做河豚鱼干时用到了过热水蒸气。不是用于烹饪，而是用于杀菌。据采访过这位手艺人的技术员说："咬一口鱼干，里面肉嫩多汁，外表松脆，十分美味。"夏普公司意识到过热水蒸气的可行性，他们找到过热水蒸气与家用微波炉的结合方式，最终研发出了过热水蒸气排放系统"HEALSIO 引擎"（图 3-9）。

"HEALSIO"最新款机型采用的水蒸气排放引擎，一次可从容量900ml左右的水箱里吸取100cc以下的水（图 3-10），转化成100℃的水蒸气。为什么

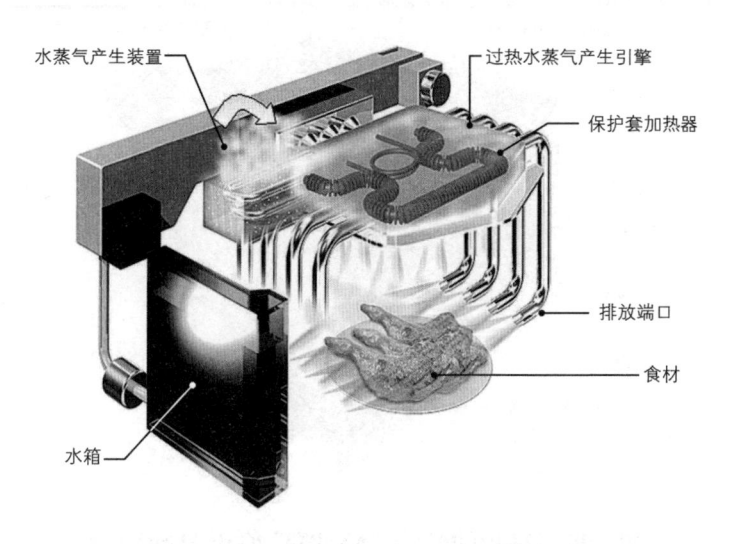

图3-9　过热水蒸气排放系统"HEALSIO引擎"

初期模型的图像。分成两步产生过热水蒸气。首先，水蒸气排放引擎从水箱里吸取少量的水用于制成100℃的水蒸气。由涡轮鼓风机吸入，流入过热水蒸气排放引擎。然后，在该引擎里的保护套加热器中加热水蒸气，得到超过100℃的过热水蒸气。过热水蒸气从排放端口喷到食材表面。

吸水量要控制在100cc以下？为了以最快的速度得到水蒸气，缩短加热功能发挥作用所需的时间。

下一步，水蒸气会被吸入涡轮鼓风机中，输送到过热水蒸气排放引擎。该引擎中安装了保护套加热器，能将吸入的水蒸气加热到650℃。于是，当水

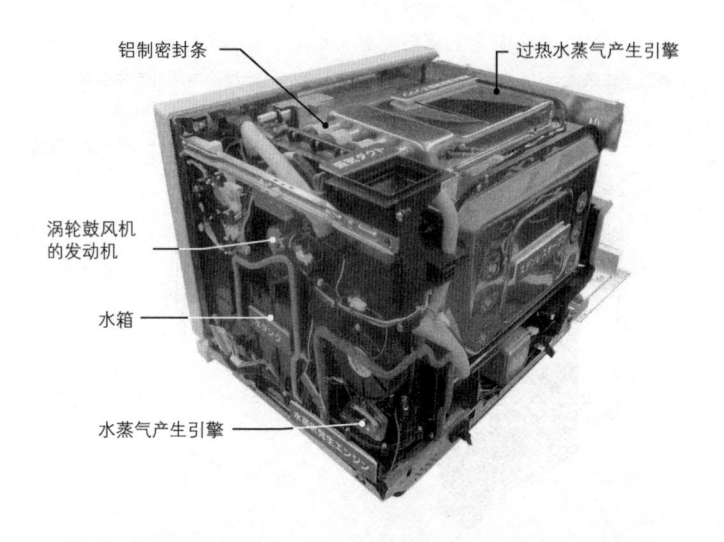

图 3-10 最新的顶级机型"AX-PX3"的 HEALSIO 引擎

每个零部件都不多余，组装得很紧密。用封条密封彻底提高了整体的气密性，实现了只用过热水蒸气即可实现加热的效果。涡轮鼓风机的驱动采用了转数可变的 DC 发动机，通过改变风量按需烹饪食材。这是"HEALSIO"独有的功能（夏普公司）。

蒸气超过 100℃的时候就转化成过热水蒸气，最终可维持在 300℃左右。

在炉内的左右两边分别排列着 4 根喷射端口，通过此工艺得到的过热水蒸气最后会通过端口喷射到食材上。排放后的过热水蒸气可在微波炉内通过涡轮鼓风机保持循环状态。

其他公司在看到"HEALSIO"一举成功后，也纷纷开始推出类似产品。但是，其他产品都"由于过热水蒸气的能量不足，将微波炉和烤箱结合到了一起"（夏普健康、环境系统事业本部烹饪系统事业部技术科长上田真也）。与此相比，"HEALSIO"通过完全密封提高了微波炉内的气密性，实现了只用过热水蒸气就可以进行加热的效果。

04 三菱电机"本炭釜"电饭煲
——追求烹饪炉味道,用木炭水壶穿透磁力线

"米饭这么香,试试 10 万日元能不能卖出去。"在品尝到三菱电机 2006 年上市的电饭煲"本炭釜"蒸出的米饭后,销售商如此感叹道(图 3-11)。当时,高级电饭煲的售价大约是 5 万日元,三菱电机的预估售价在 8 万日元左右。三菱电机家用产品董事家电产品技术部长长田正史表示:"经销商们认为这个价格太低。"最终,这款电饭煲的上市价格超过了 11 万日元。

在"本炭釜"上市销售前发生了一件有趣的事。实际上,三菱电机起初并没有积极宣传"本炭釜",

图 3-11 电饭煲"本炭釜"

提高了蒸饭的基本功能,能够蒸出可口的米饭。售价比以往的高级机型高出了 2 倍。

因为其内胆的生产费时费力,经营层认定"这是个工艺品,不可能畅销"。然而,经销商们料事如神,这款售价超出传统高级电饭煲将近 2 倍的高价电饭煲一炮而红,上市仅半年就售出了 1 万台。如今,"本炭釜"系列在业内有着"美味横纲"之称,已成为高级电饭煲中的经典产品。

▶ **将内胆整体作为发热体**

谈到三菱电机的家电业务，长田正史说："其市场份额不算太大，如果我们的产品连一个突出的性能都没有，恐怕难以在行业立足。"为了在本质功能上有突显之处，三菱电机选择了"蒸出更可口的米饭"的蒸饭功能。

当时，电饭煲有一个"快煮"的附加功能很受欢迎，如15分钟蒸好一锅米饭，吸引了大批日常忙碌的消费者的目光。但是，有些品牌的"快煮"功能煮出来的其实是夹生饭，"实在没法违心说好吃"（长田正史）。三菱电机决定舍弃这个附加功能，并且反其道而行之，把目光放在了堪比灶台柴火饭口感的煮饭功能上。

为此，三菱电机研发了革新技术"本炭釜"。顾名思义，就是用纯度为99.9%的碳材料（炭）制成内胆（以下简称"炭釜"，图3-12）。炭釜蒸出如此

第三章
产品高附加值的设计方法 〉 137

香甜可口的米饭,其秘诀在于强大的加热功能。

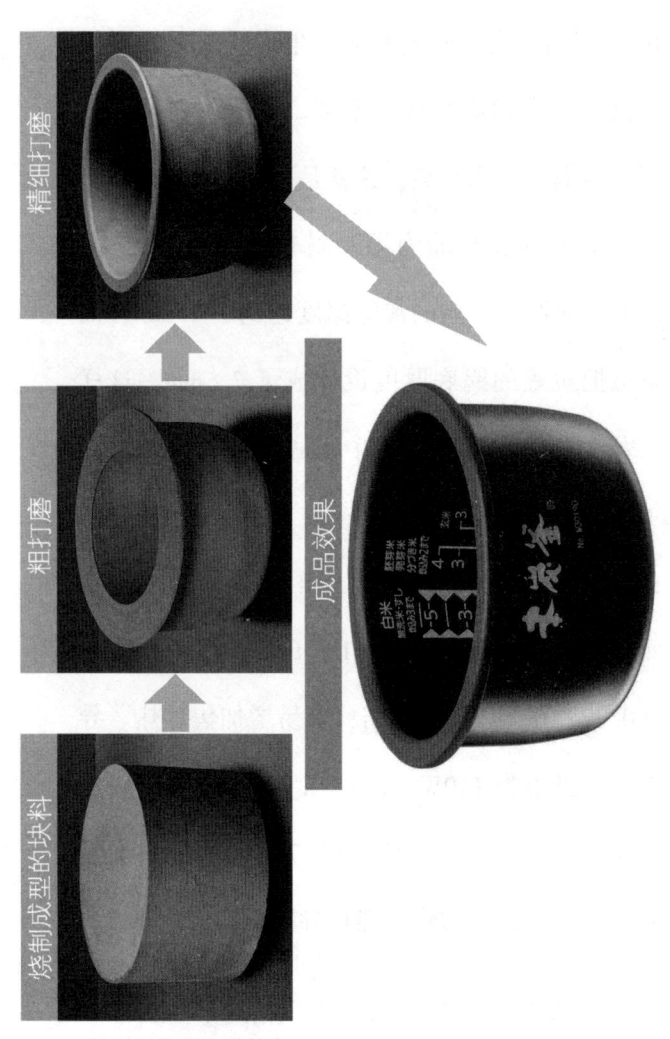

图3-12 炭制成的内胆(炭釜)

内胆材料将过去的不锈钢改为高纯度的炭,借此提高了加热能力。而且,蒸饭过程中会产生大的气泡,在米粒之间形成空间,蒸出松软的米饭。烧制的圆柱由工匠手工打磨成型。

电饭煲的加热方式与过去一样，利用了电磁加热（IH）。向 IH 线圈通入电流产生磁感线后，磁感线通过锅底时会感应生成涡电流。此时，在电阻的作用下，内锅产生焦耳热，这就是内胆的加热源。

炭釜优秀的加热能力源于材料的特性。首先，磁感线沿锅底厚度方向的渗透深度达到了 10mm，而三菱电机把炭釜的锅底厚度设计成了 7.5mm。这样一来，发热的就是炭釜的整个锅底。传统不锈钢内胆[①]的磁力线渗透深度为 0.24mm，只有炭釜的 1/40 左右，只能在内胆底部的外侧表面发热。

而且，炭釜的电阻为 $10×10^{-6}\Omega$，大约是不锈钢内锅（$0.72×10^{-6}\Omega$）的 13 倍，容易增加焦耳热。导热率方面，炭釜为 110W/（m·K），不锈钢内胆为 16W/（m·K），前者约为后者的 7 倍。因此，炭釜很容易让产生于锅底的焦耳热传导至侧面。

---

① 传统不锈钢内胆，作为发热体的不锈钢层采用的是与高导热率的铜层相结合的多层构造。此处为了把焦点集中到发热体上，直接简称之为"不锈钢内胆"。

如此一来，由于炭釜的整个内胆胆壁可以变成发热体，所以能够更强、更均匀地对米饭进行加热（图3-13）。而传统的不锈钢内胆只有外侧表面发

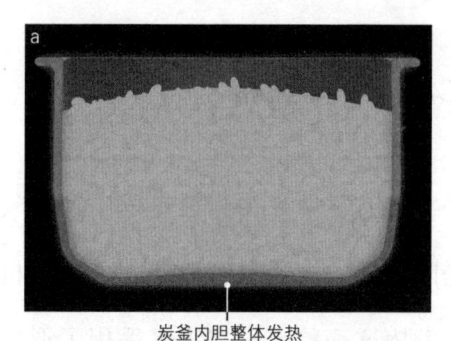

炭釜内胆整体发热
从内胆中间到表面的米饭蒸煮不均

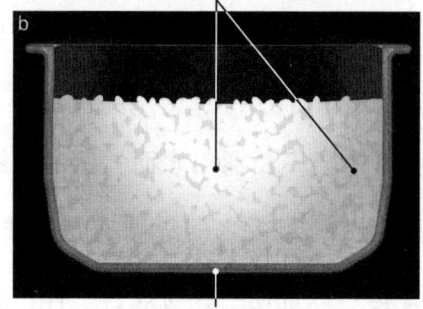

仅2.4mm的不锈钢层发热

图 3-13　内胆的加热能力

（a）炭釜的加热能力。磁感线的渗透深度、电阻、导热率均大于不锈钢内胆。因此，炭釜可以整体发热，实现优良的加热功能。（b）不锈钢内胆只有外侧表面发热，而且加热能力弱，锅内各个位置存在温差，经常出现米饭半生半熟的情况。

热，加热的火力从内胆中央向表面逐渐减弱，常常出现米饭半生半熟的情况。

▶ 3000℃烧制，确保强度

此外，炭釜还具有在蒸饭过程中产生气泡的特点。这是因为炭的内部富含气泡。三菱电机为了更大限度地发挥这一特点，在锅底采用了形似"富士山"形状的厚度分布，使气泡集中于中央位置，生成更大的气泡。

这些大气泡会不断涌出水面，把米从锅底向上推。因此，蒸出的米饭之间缝隙充足，非常松软。这一点有证据可以证明——与灶台一样，炭釜蒸出的米饭上存在大气泡通过的孔洞，人称"螃蟹洞"。

炭釜的课题是确保从水槽高度掉落不碎的强度。这一点通过制造方式得到了解决。

首先，把炭的母材与黏结剂混合，通过加压制成圆柱（两个内胆的量）。然后，将其分两次烧制，通过用最高温度可达3000℃的高温加热来提升强度。最后，把烧制好的圆柱切成一半，由熟练工人手工打磨内外两面，制成内胆的形状。再涂上硅胶层，使米饭容易剥离，同时封闭炭的细孔防止漏水，用激光刻制商品名称。

因为费时费力，炭釜的订货时间长达4~5个月，而且月产量仅为100~200个。尽管如此，消费者还是会为追求米饭口感而不惜重金购买。这款产品的销量至今依然在不断攀升。

05　日立电器"节拍洗"立式洗衣烘干机
——打造手洗效果，提升清洁能力

"为什么日立不生产滚筒式烘干洗衣机？""就这么眼睁睁地错过商机，日立是不是脑子不够用？"①日立电器（总部位于东京）家电事业部产品计划本部产品企划部部长代理庄司敬一在回顾经销商们的抱怨时非常无奈。

---

① 日立制作所的家电业务始于2002年，起初由日立家具&生活解决方案负责，2006年之后由日立电器负责。

▶能不能戴上"HITACHI"品牌的皇冠？

2000年左右时，正值洗衣机行业的黄金时期。日本各大知名厂商相继研发震动频率低的滚筒式烘干洗衣机，以迎合木制房屋结构为主流的日本市场。衣服从洗涤到干燥自动化一体完成，让注重便捷性的消费者十分欣喜。因此，产品价格虽高，但销售却十分火爆。当时，经销商们对在洗衣机领域中占据半壁江山的日立电器充满信心，希望听到其新型滚筒式烘干洗衣机上市的消息。但是，日立电器却断然拒绝了。

日立电器拒绝的理由是滚筒烘干洗衣机的清洁能力比现有的用水流清洗的涡轮洗衣机差。滚筒式烘干洗衣机的清洁原理是在含有洗衣液较少的水中旋转滚筒，使衣物在滚筒中不断地被提起摔下。虽然它有节水的优点，但是仅仅依靠把衣物提起摔下的方法会导致清洁力不足①。

随着生活环境的变化和洗衣液的进化，也有人抱着"洗衣机的清洁能力差不多就可以了"的看法。但是日立电器的想法不同，庄司敬一说："洗衣机的本质功能是清洁能力。我们不可能给一个逊色于旧款洗衣（烘干）机的产品戴上'HITACHI'的品牌皇冠。"

日立电器很清楚，如果上市，清洁能力一般的产品也能卖得出去。但即便如此，日立电器仍坚守信条，关注洗衣机的本质功能——清洁能力，并且拒绝把精力放在脱离本质功能的产品研发上。

▶在"山脊"处上蹿下跳的衣服

当然，日立电器也没有置身事外。其花费了3

---

① 日立电器于2006年推出了滚筒式烘干洗衣机"BIG DRUM"。与以往的旧机型相比，新款的滚筒直径增加了10cm以上，衣服洗涤时摔打落差大、清洁力度强。

年多的时间，于 2004 年推出了新机型——不是滚筒式烘干洗衣机，而是一款与全自动洗衣机的构造相似的立式洗衣烘干机"节拍洗（BEAT WASH）"（图 3-14）。同时，它又和用水量大的涡轮洗衣机不同。

图 3-14　立式洗衣烘干机"节拍洗"

增强了基础功能——清洁能力的"节拍洗"，长期畅销，经久不衰。在上市初期，洗涤容量为 9kg 的新款洗衣机的销售价格大约为 21 万日元，洗涤容量为 8kg 的大约为 17 万日元。

日立电器研发出的"ECO-BEAT 清洁"革新技术既满足了滚筒式烘干洗衣机的节水优点,又实现了超强的清洁能力(图 3-15)。

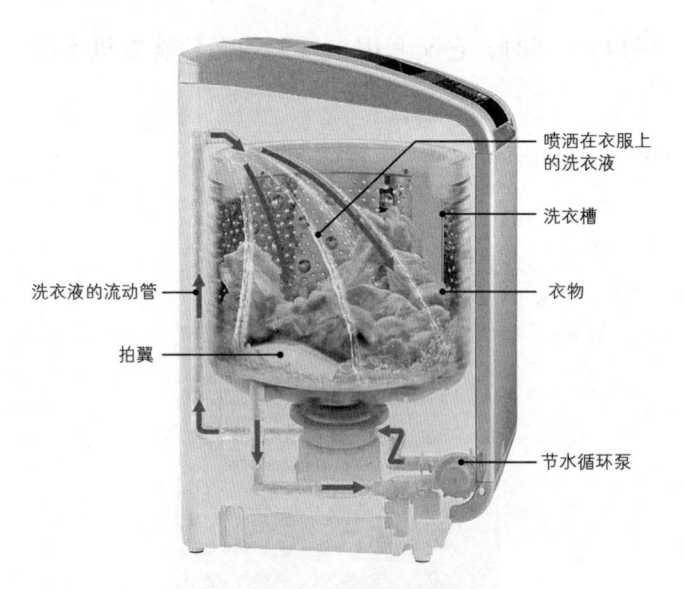

图 3-15 清洁技术"ECO-BEAT 清洁"

为了用少量水实现超强的清洁力,节水循环泵吸取洗衣槽中高浓度的洗衣液后,会将其喷洒在衣物上。浸泡过后的衣物在类似搅拌波轮的"拍翼"的转动下,得到清洁。

这款洗衣机与全自动洗衣机构造相比有两点大差异:(1)"节拍洗"将节水循环泵安装在洗衣槽靠下的位置,而不是底部;(2)用"拍翼(BEAT

WING)"代替了搅拌水的搅拌波轮。

"ECO-BEAT 清洁"和波轮洗衣机不同，无须在水槽中蓄入大量的水。在少量的水中加入洗衣液，让衣物浸泡在高浓度的洗衣液中。洗衣液的浓度越高，清洁能力就越强。洗衣槽吸入高浓度的洗衣液后，将洗衣液从洗衣槽的上方像淋浴一样喷洒到衣物上，这就是节水循环泵的作用。

在高浓度洗衣液中浸泡过的衣物，会经由拍翼进行旋转搅拌。拍翼与搅拌波轮不同，用平缓鼓起的山脊形状替代了以往的螺纹凸棱形状（图3-16）。在拍翼旋转的作用下，山脊的位置打到衣物后将其提起并靠重力作用摔下。实际上，由于是高速重复循环的动作，所以衣物会小幅度地翻动。仔细分析翻动过程的话，从下往上提起衣物的过程起到了"按压清洗"的效果，摔下的过程起到了"击打清洗"的效果，衣物上下翻动的过程起到了"揉搓清洗"的效果。将手洗式的复杂清洗效果自动化，从而实现了超强的清洁能力。

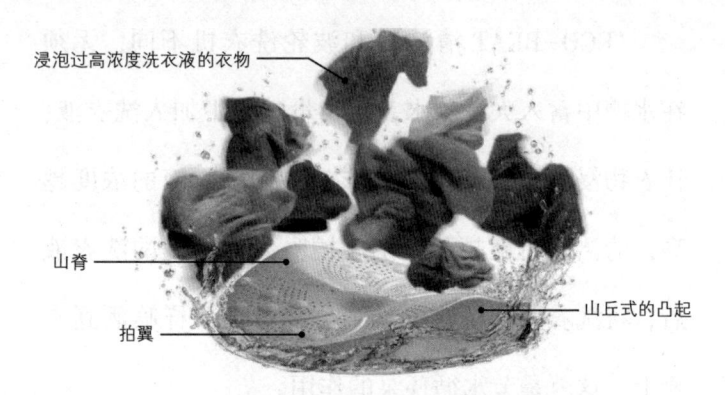

浸泡过高浓度洗衣液的衣物

山脊

拍翼

山丘式的凸起

图 3-16 拍翼和衣服的翻动

带有山丘式凸起的拍翼运转起来,山脊的位置打到衣物上将其提起并靠重力作用摔下,上下小幅度地翻动,由此对衣物进行了按压清洗、击打清洗和揉搓清洗。

"节拍洗"系列通过改变拍翼的形状,逐步提高了清洁力度。最新款机型采用了山脊 S 形设计款式的"S 形拍翼"(图 3-17)。再加上衣物在桶内上下翻动,以衣物为中心向外周往返运动,可减少清洗后衣物的褶皱。

为了让因浸泡过洗衣液而变重的衣物转动起来,拍翼的转动速度需要达到搅拌波轮的 2 倍扭力。日

S形的山脊

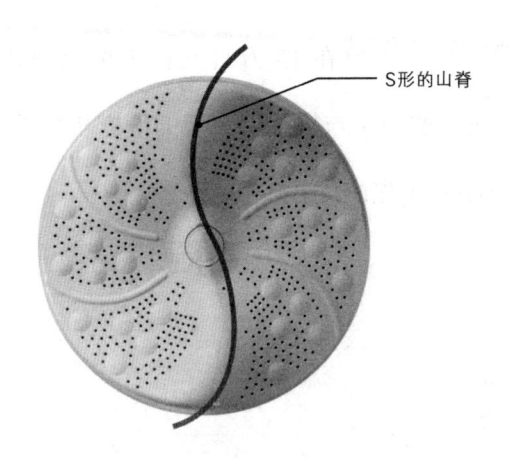

图 3-17　山脊呈 "S形" 的拍翼

图为最新款样式。在 "S形" 的设计下，衣物可按半径方向反复翻动。因此，衣物承受的清洁力度均匀，洗涤后的褶皱减少。

立电器为此研发了专用的发动机和减速器（星齿轮传动机构）。这一步的研发课题是如何降低减速器发出的噪声。在提高减速器加工精度的同时，还可以通过控制发动机和设计组装来抑制噪声。

新品上市以来，"节拍洗" 系列的销量节节攀升，证明了日立电器对清洁能力的坚持没有错。经销商给予了 "高级、立式洗衣烘干机＝节拍洗" 的最高评价。例如，在临近 2012 年年末的促销大战

(12月)中,售价在15万日元以上的高级机型中,"节拍洗"的销量与排行第2位的洗衣机相差3倍之多,以绝对领先的优势位列第一名。

06　大金工业的"滋润凉爽"家用空调

——无须加湿器滋润，从室外空气中吸收水分

"只能一时吸引消费者注意的功能，开发部门绝不采纳。"在大金工业滋贺工厂空调生产本部产品开发部负责家用空调产品策划的香川早苗这样说道。

大金工业在提高家用空调附加值上有明确的开发方针，即提高空调四大要素的品质。其中，空调四大要素是指：(1) 温度；(2) 湿度；(3) 空气清洁度；(4) 气流。大金工业将空调的四大要素列为家用空调的基本功能，只要不是提高四大要素品质的提案，产品策划均不予通过。

大金工业依据上述开发方针研发出来的畅销产

品就是"滋润凉爽"系列家用空调（图 3-18）。自 1999 年 10 月第一款产品问世起，该系列一直好评不断，长期保持着良好的销售业绩。现在，该系列已成为大金工业在日本国内家用空调领域占据市场份额前两位的原动力。在销售大金工业产品的家电超市，"因为该系列是最畅销的机型，所以价格降幅比其他公司的产品都要小"（香川早苗）。2012 年，经

图 3-18　家用空调"滋润凉爽 7"

这是"滋润凉爽"系列的新机型。该机型制热时无须供水即可加湿。

过全面升级改进的新机型"滋润凉爽 7"的销售业绩也很不错,销售额是原计划的 2 倍。

▶ **着眼于空调四要素中的湿度**

"滋润凉爽"系列之所以倍受欢迎,得益于大金工业独家研发的无供水加湿技术"滋润加湿"。它是着眼于空调四大要素中的(2)湿度而开发的功能,可吹出具有滋润感的空气,防止开暖气时空气干燥。同时,它与加湿器不同,可以省去供水环节,非常便捷。

"滋润加湿"是将大气中的水分吸入室内用来加湿的装置。大金工业选择沸石作为水分子的吸附材料。

"滋润加湿"装置安装在室外机内的上部,具体由四个部件组成,分别是吸入大气的轴流风机、多孔质的沸石转轮、覆盖在转轮表面的加热器,以及通过配管将空气送入室内机的风扇（图3-19）。

暖风
（沸石转轮释放水分子）

沸石转轮
（从外界吸附水分子）

含水分子的温热空气

轴流风机吸入大气

室外机的轴流风机

户外空气中所含的水分

户外空气

进入室内机

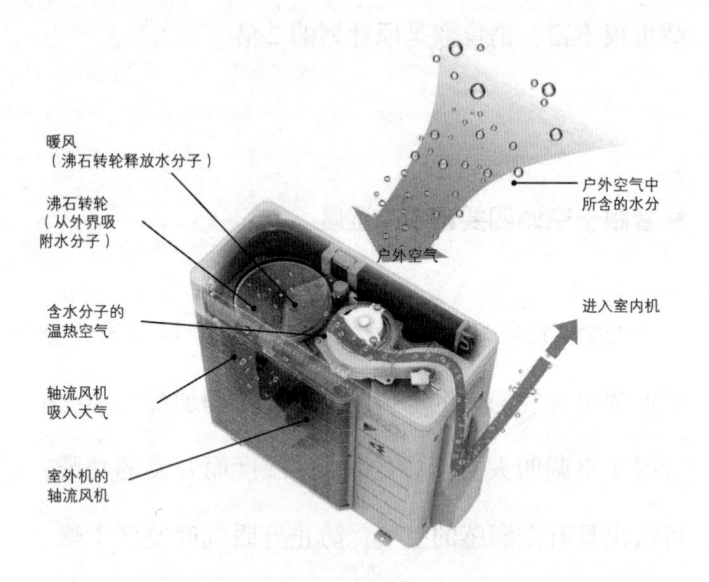

图3-19　"滋润加湿"装置的工作原理

使大气通过正在旋转的沸石转轮的一部分区域（240°的区域），吸附大气中的水分子。继续旋转，使吸附着水分子的部分进入安装着加热器的部分（120°的区域），受热后从沸石转轮中释放出水分子。释放出的水分子搭乘热交换得到的暖空气（通常的空调暖风）进入室内机。

"滋润凉爽7"（2.2kW～2.5kW）充分发挥了轴流风机的一机两用功能，实现了吸入室外空气和室外机热交换两大功效，直接去掉了专用风扇。直径

230mm×厚度17mm的沸石转轮以0.5rpm的转速旋转，经由轴流风机从大气中吸附水分子。

沸石转轮持续旋转，当空气通过覆盖该转轮1/3（角度120°）的650W加热器下方时会被加热，向周围释放水分子。

水分子随着由室外机热交换得到的暖空气一同被送入室内机，由其吹入室内实现室内加湿。虽然采取的是无供水加湿方式，但其加湿量为300mL/h~450mL/h，同市面销售的加湿器（180mL/h~500mL/h）相比毫不逊色。

▶ 可送风到12米远

"滋润凉爽7"沿用了无供水加湿方式，而且改善了空调四大要素中的（4）气流。风沿着天花板吹到远处，推动空气从地板上吹来，触底（接触地面）返回室内机。这样一来，风就能隐藏在大件家具后面，即便无法直接吹到客厅也不会出现温度分布不均的问题。因为天花板与地面之间会产生可循环的气流，所以大金工业将其称为"环流"（图3-20）。

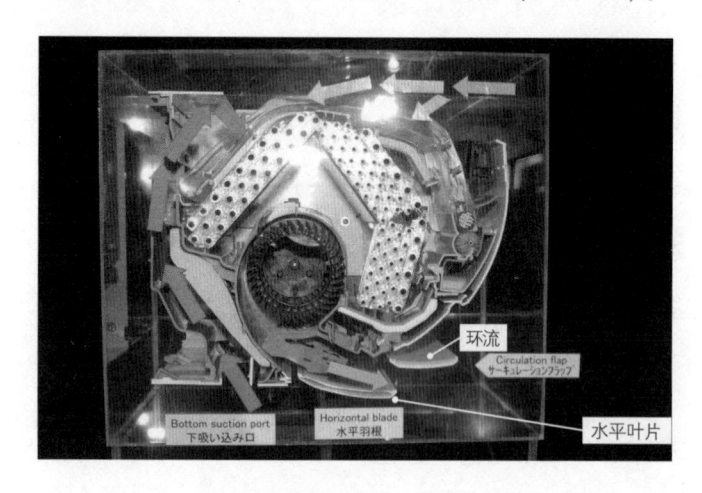

图3-20　将风吹向天花板的设计

"滋润凉爽7"室内机的截面图。将环流风门设在出风口前方，与水平叶片（下侧的风门）保持水平后，风就会沿着环流风门流动。通过环流风门后，风可以吹向天花板。该设计运用了"康达效应"的原理。

室内机的出风口朝向斜下方，所以要想往天花板送风，就必须使风转向上方。鉴于此，大金工业瞄准了"康达效应"，即当黏性流体在物体表面流动时会黏附在物体外表面上的现象。

利用这一现象，大金工业轻松改变了风向。其采取的基本方法是：调整风向的两块风门，将上方的环流风门调整到略微靠近出风口的位置上，并且让环流风门和下方的风门（水平叶片）基本保持在水平方向，使风吸附在环流风门上并随其流动，通过该风门后吹向上方。这样一来，风可以吹到 12 米远的位置上（图 3-21）。

图 3-21 沿着天花板流动的风

用烟进行演示。使风沿着障碍物少的天花板流动，可以吹到 12 米远（以往只能吹到 6 米远）。

以往对着水平叶片吹风时，风的确跑到了上方，但"因为是强行改变风向，所以风马上又会朝下吹去"（大金工业滋贺工厂空调生产本部产品开发部首席工程师冈本高宏），最终只能吹到6米远处。

07　iRobot"伦巴"扫地机器人

——高覆盖，无灰尘，用人工智能清洁地板

现在市面上销售着各种自动清扫地面的扫地机器人。由于同类产品层出不穷，一些家电卖场还特意设置了产品试用的顾客体验区。在众多扫地机器人产品中，有一款产品脱颖而出，深受消费者的青睐，市场占有率超出七成，它就是美国 iRobot 公司推出的"伦巴（Roomba）"（图 3-22）。

"伦巴"受到消费者追捧的原因，是其在扫地机器人领域中具有世界领先技术水准。从 2002 年起，它保持了 10 年以上经久不衰的销量地位和高知名度。当然，理由不止这些。现如今，市面上相

图 3-22 扫地机器人"伦巴"

全世界首台自动化家用扫地设备。自"伦巴"上市销售起，iRobot 公司始终在提高其清洁能力上倾注研发资源，在现如今市面上销售的众多同类产品中，它凭借自身超强的清洁能力，始终保持着畅销地位。

似产品众多，消费者依然选择"伦巴"的原因是它的超强清扫能力。扫地机器人在整个地板面积中实际可清扫的面积占比叫作"清洁覆盖率"，而"伦巴"的清洁覆盖率胜过其他同类产品（iRobot 公司的日本总代理店、SALES ON DEMAND 董事长德丸顺一）。

▶有损消费者利益

"伦巴"之所以具有超强的清洁能力，是因为 iRobot 公司多年以来一直在竭尽全力研发和改善清洁功能。该公司首席执行官 Colin Angle 甚至说："多功能化在损害消费者的利益。"

事实上，除了 iRobot 公司之外的很多厂商都会为了实现自家产品的差异化而费尽心思地研发拍摄功能和空气净化功能等附加功能。在这种背景下，SALES ON DEMAND 的员工曾与 Colin Angle 建议安装日本市场认可的摄像头（增加摄影功能）。

但是，这个建议被 Colin Angle 当场否决了。他给出了三个理由：（1）增加成本价格必然上涨；（2）功能复杂会导致故障率上升；（3）多余的功能占用开发资源，一定会对本质功能——清洁地板的功能产生影响（这也是最重要的一点）。

▶1秒"思考"60次

"伦巴"强劲的清扫能力来源于人工智能"A-WARE 系统"。"伦巴"中配置了数十个感应器，包括落差感应器、防碰撞传感器、墙壁传感器（测量到达墙壁之间）、灰尘侦测器等。此外，还有"伦巴"检测周围环境的感应器、记录轮子旋转次数的轮转感应器，以及控制机身运转的感应器等。

人工智能会从感应器中读取复杂的信息，判断自身（本体）当前所处的状况。而且，它会从40多种行动模式中选择下一步的执行方案。因为它高速运转起来每秒可"思考"60次，所以即便房屋的结构复杂也能保持高清洁覆盖率。

乍一看，"伦巴"的移动轨迹具有随机性，但是它能确保同一个位置平均清扫4遍。再加上它具备随机的移动模式，从不同方向经过同一位置时，可以更有效地清扫隐匿在房屋角落或地毯中的灰尘和毛发。

即便撞到障碍物,"伦巴"也能通过前进或旋转、后退、加速、减速、转弯等一系列动作组合进行回避①。这种回避模式的组合方式比其他同类产品多。

在清扫家中的墙壁或家具时,"伦巴"会对灰尘量较大的区域进行重点清扫。通过墙壁传感器感应,一旦"伦巴"检测到自身与墙壁或家具距离过近就会减速,慢慢靠近墙壁或家具周围。并且,在移动的过程中,它还能一边与墙壁或家具保持距离,一边吸走灰尘。值得一提的是,它的接触头是橡胶材质,即便撞到墙壁或家具也不会留下痕迹。

"伦巴"甚至可以钻到沙发周围或者桌子、椅子下面清除灰尘,清洁覆盖率很高(图3-23)。SALES ON DEMAND 公司的德丸顺一表示,同类产品普遍存在"无法彻底清扫沙发的一角、墙壁、家具边缘的垃圾"等小问题。

---

① 可跨越 2cm 左右的障碍物。

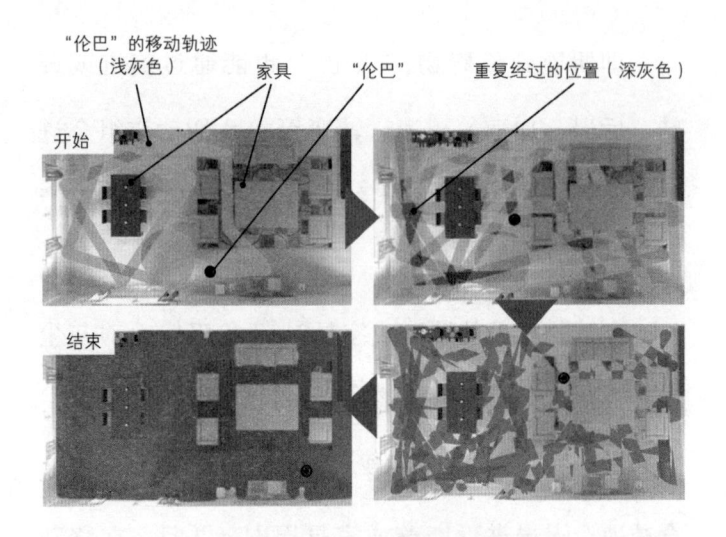

图 3-23 高效的清洁覆盖率

主机内部配置了数十个感应器,以收集到的信息为基础,通过人工智能以 60 次/秒的频率分析执行下一步任务。"伦巴"的移动轨迹用浅灰色标示。乍一看会让人觉得机器在随机移动,但是它会贴近家具清除灰尘,还可反复清扫灰尘量多的位置。同一位置平均可清扫 4 次,提高了清洁覆盖率。

为了提高灰尘清除率,最新款机型采用了两种不同材质的刷子——橡胶材质的"胶刷"和带长毛的"毛刷",这种"双清洁主刷"可以有效拾取地面灰尘(图 3-24)。"胶刷"多用于木地板的地面,"毛刷"主要用于地毯清洁。刷子的接触面可根据地面材质自动调节,实现了同材质的高灰尘清除率。

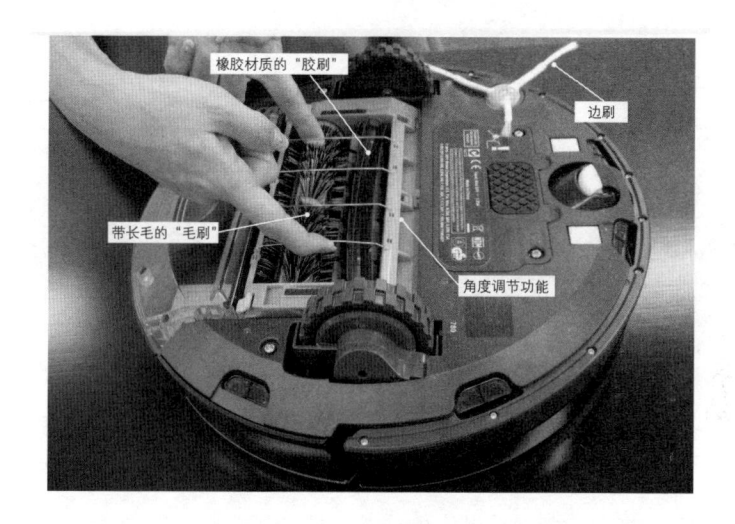

图 3-24 提高灰尘清除率的方法

从主机身上取下的边刷由 3 个刷子组成,可清扫墙角的灰尘。需同时使用胶刷和毛刷可将灰尘扫入垃圾盒中。支撑胶刷和毛刷的保护框可升高,"伦巴"一边调整双刷头的角度,一边与地面接触,以提高不同地板材质上的灰尘清除率。

第四章

技术人员的"人类观察":通过挖掘潜在需求打造爆品

01　隐藏在研发产品背后的爆品秘密

图 4-1 是运动鞋厂商 Achilles（总部位于东京）研发的儿童运动鞋样品。左侧是销量欠佳的旧品牌，右侧是为挽救销量而创立的新品牌。这个新品牌因具有某种功能受到了孩子们的热烈追捧。令品牌大受欢迎的技术就在图片中，你是否看明白了呢？

答案是"左右非对称的鞋底"。旧品牌的鞋底设计是左右脚完全对称，但是新研发的鞋底是非对称的。图 4-1 右侧的鞋底上增加了更多的钉齿，在田径跑道的弯道上跑步的孩子即便左转也不易滑倒。打造的新品牌名叫"瞬足"，是一款为孩子们制造的

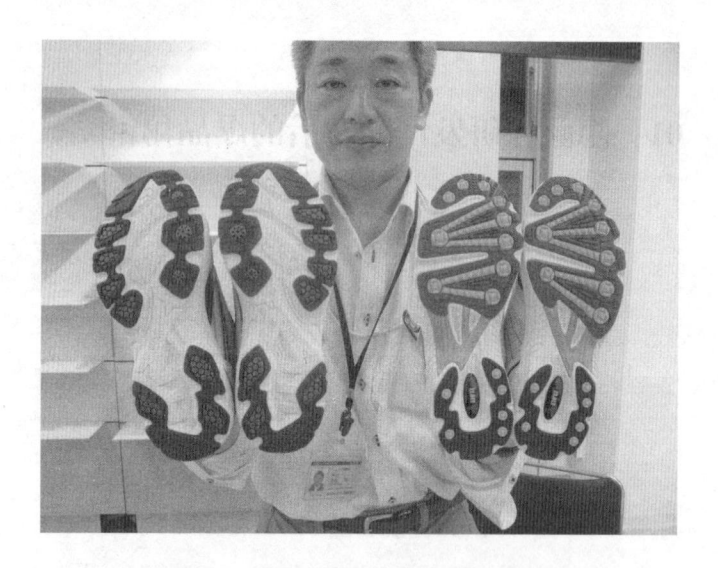

图 4-1　Achilles 研发的儿童运动鞋样品

功能型运动鞋,具有"运动会上跑步不摔倒,而且跑得快"的特点。如今,它已成长为年销量高达 600 万双的"一线品牌"。

Achilles 为什么能打造出"瞬足"这样销售火爆的产品?因为该公司发现了用户自身都忽略的"潜在需求",并且提供了能真正满足消费者自身需求的产品。

现在,全世界的产品琳琅满目,用户很容易从网上买到想要的产品。如果轻轻松松就能发现用户需求，恐怕这个需求早就被其他公司捷足先登了。所以，如果厂家亲自与用户近距离接触还察觉不到其自身忽略的潜在需求，就会身陷与爆品无缘的深渊之中。

现在，一些厂家为了高效挖掘用户的潜在需求，开始让研发（R&D）部门一同参与实践活动。他们观察人的行动和其周边的环境（语境），采用"人种志"[①] 的研究方法，即用照片或叙事的方式，来描述资料并进行分析（图4-2）。Achilles 运动事业部产品企划研发本部副部长津端裕表示："Achilles 的研发小组在对'人种志'一无所知时就开始实践活动了。"

---

① "人种志"是从欧美的文化人类学领域中发展而来的实地调研方法。"人种志"会通过观察密林或孤岛的民族是如何生活的，或者有哪些习惯，以加深对这个民族的文化的理解。欧美企业擅长把此方法运用到商业用途上。1990年以后，一些日本企业也开始尝试此方法。

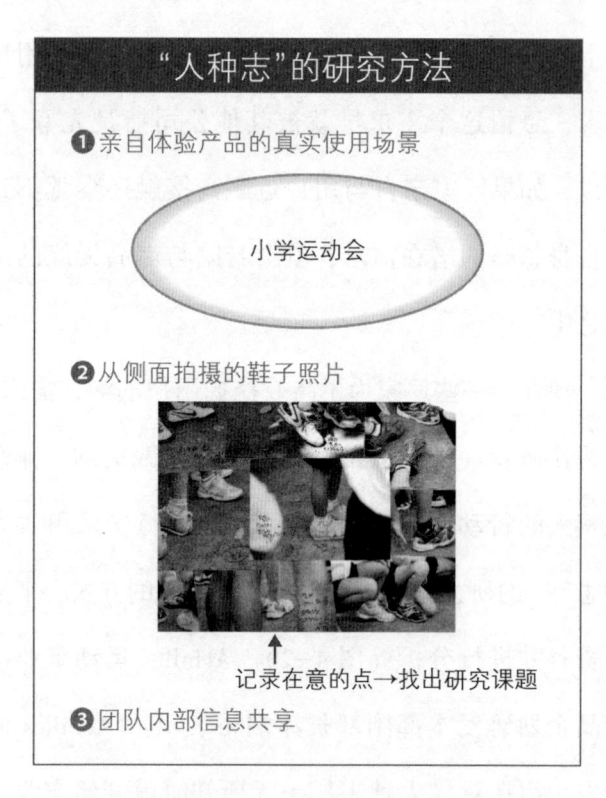

```
┌─────────────────────────────────┐
│      "人种志"的研究方法          │
│                                 │
│ ❶ 亲自体验产品的真实使用场景     │
│                                 │
│          ╱─────────╲            │
│         (  小学运动会  )         │
│          ╲─────────╱            │
│                                 │
│ ❷ 从侧面拍摄的鞋子照片           │
│                                 │
│         [照片]                  │
│                                 │
│      ↑                          │
│   记录在意的点→找出研究课题      │
│                                 │
│ ❸ 团队内部信息共享               │
└─────────────────────────────────┘

图 4-2 创造"瞬足"品牌的津端裕也实践过
"人种志"的研究方法

  主导研发"瞬足"品牌的津端裕表示，他每年都会去女儿的小学观看运动会，一旦在学校看到有趣的事物或在意的事情，就会拍摄照片、做笔记。"去现场能看见当时的状态，这很有趣。"（津端裕）而且，他会把收集到的信息与研发团队人员共享。通过这项活动，他真实地感受到"孩子们的脚很窄，脚底很薄"。研发团队充分考虑了这一发现。当时，儿童鞋的主流宽度都是 3E，而"瞬足"新增了 2E。现在推出的 1E 也扩充了产品线。
```

▶研发人员前往现场

理论活用的关键在于如何高效发掘潜在需求。

大多数厂商采用的流程模式分五个阶段：（1）观察；（2）分析；（3）确定目标受众；（4）构思产品计划；（5）制作模型和评价。这种模式本身毫无新意。近几年趋势十分明显的是，许多开始实践新模式的厂商会让 R&D 技术人员从观察阶段就参与进来。

以往，观察和分析工作主要由文科专业的组员负责，研发人员依据他们手里获取的信息，具体落实技术和产品。但是现在的产品生命周期缩短，过度分工显得有些浪费人力，所以研发人员亲身到"实地"观察并获得启发才是一种更加高效的推进研发过程的方法。

使用"人种志"研究方法的优点如图 4-3 所示。

优点❶ 团队内部共享实现目标受众需求的所有信息

目标受众
（用户模型）

研发　产品企划　设计方案　制图

优点❷ 可以打破组员之间的"术语壁垒"

我们能不能研发出这样的产品？

原来你是这个意思啊，这回我明白了。

产品企划　研发

优点❸ 加快产品转化速度

图4-3　使用"人种志"研究方法的优势

　　研发人员之间共享最终的目标受众信息，可以产生更好的协作力（优势①）。项目成员每个人的脑中都装着项目的整体概念，即便各自负责的领域不同，无论是营业部还是技术部，相互之间的沟通也会更加顺畅（优势②）。最终，研发流程顺利进行，能有效提升产品转化率（优势③）。

▶ 研发加速

　　第一点，研发的早期阶段，整个团队的成员要共享所有关于目标受众的信息。一个产品研发项目中包含各个部门的技术人员，信息共享可提高整个团队的协作能力。

　　第二点，要迅速打破多部门协同作业时容易产生的"术语壁垒"。即便大家都在同一个项目组里，也会由于各自负责的领域不同而无法准确理解对方使用的专业术语，导致内容传达不到位。项目的最终目标是满足用户需求，必须设身处地站在用户的角度去思考，这样才能大大减低沟通成本。

　　做到上述两点可加快实现项目研发的速度。所有组员的目标始终是用户，所以中途偏离目标误入岔路的可能性很低。关于这一点，负责"瞬足"设计的 Achilles 产品企划研发部的大泷慎一明确表示："与以往相比，我们完成一个设计方案所需的时间至少缩短了 2/3。"

02　实践！组织结构篇

"人种志"研究方法是从文化人类学领域中发展而来的一门学问,关于如何运用到商业领域里并没有确切的规定。但是运用在商业领域中的"基本形式"已初步成形。Achilles 的 R&D 部门的技术人员参考了理光公司的"人种志"实践事例,学习了这个"基本形式"。

图 4-4 是 Achilles 的研发流程概要。流程涉及的面比较广,大致分为"出现过程"和"实现过程"两个阶段。出现过程是指最初实施的实地观察,"实地"指的是该厂商设想的所有目标对象——产品整

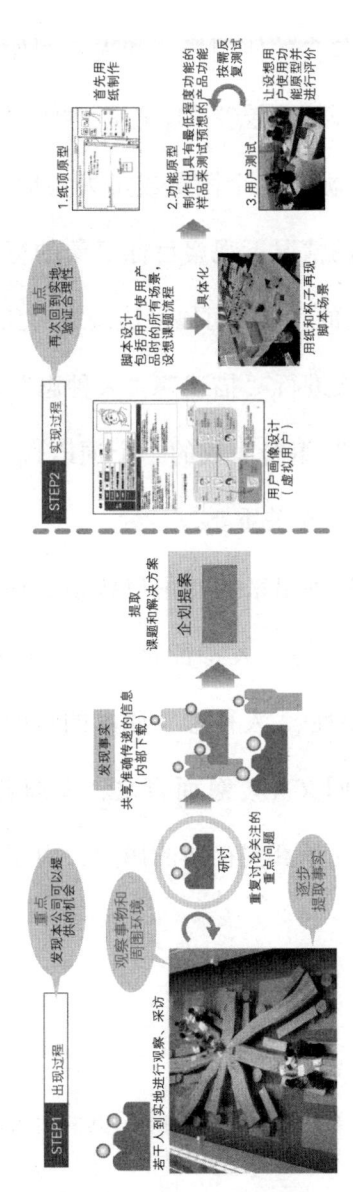

图 4-4　Achilles 的研发流程概要

体使用环境中包含的使用场所和人。例如，Achilles的实地是"小学运动会"，理光是"使用复印机的企业办公室"。派出几个团队成员去实地环境考察，在不打扰他人的情况下观察目标对象的行动（影子跟随），有需要的时候还可以采访观察对象，用拍照和做笔记的方式进行"描述"。"人种志"是由"民族"和"描述"组合而成的一个词语①。在该研究方法中，"描述"至关重要。

在观察中提炼出来的"用户状态"往往特征明显。该研究方法的一大特征是在观察过程中突出"描述"的重要性。"人种志"原本的目的就是不带偏见地分析不同文化。总而言之，在商业领域中，企业需要关注的是真实存在的用户，而不是产品待改进的问题。

---

① 人种志的英文是"ethnography"。其中，"ethno"指"民族"，"graphy"指"描述"。——译者注

► 提炼用户的价值观

以收集到的信息为基础详细罗列出用户需求之后，厂商需要确定自己能做什么，然后开始落实"实现过程"。从这一步开始已经不再属于文化人类学的领域范畴，而是商业领域的惯用做法。设计用户画像是落实"实现过程"的基础。

用户画像不是真实存在的人物。厂商可以通过观察多个领域发现感兴趣的课题，虚拟与课题相关的人物用来构建"虚拟角色"。当然，虽然它是虚拟的，但这个"人"的形象是十分具体的，包括服饰、家庭构成、出生地等基本信息，甚至连人生最终目标和价值观都在设计之内。

这种深度挖掘的方式是"人种志"研究方法的另一大特征。"只有深入用户的价值观，才能满足用户的真正需求。"（理光经济社会研究所研究院伊贺聪一郎）此后，原型设计在具体实现过程中要保持与图纸一致。"人种志"的研究方法要求所有的工序必须按照用户画像的思路进行。

▶技术人员的观点变了

前文阐述了有组织地推行实践"人种志"研究方法的优点。小组成员之间共享目标对象的信息可以提高团队合作意识，使沟通更活跃，流程进展更迅速。但是，技术人员亲身实践此研究方法后，他们体会到的优点远远不止这些。他们能够亲眼看到用户在如何使用自己研发的产品，这给他们带来了更多的灵感启发。

在柯尼卡美能达集团中，有一个团队专门负责"人种志"研究方法。这个团队就是柯尼卡美能达技术中心的革新技术推进中心未来文化研究所。该集团在这里投入技术人才，培养了技术人员的"洞察力"。

在该研究所工作的竹田真弓原本负责用户界面设计和图像处理,他谈到实践"人种志"研究方法后自身想法出现的一系列变化时说:"以前自以为'应该有'的一些功能,其实可能有些多余。"从图像处理技术研发部门调到该研究所的藤原浩一也感悟道:"我发现,过去存在意义尚不明确的功能实际上很多人都在用。因为它与我的研发工作有关,所以能提高我对工作的热情。"技术人员自身实践"人种志"的研究方法对他们提高自身能力水平大有帮助。

该公司内部有很多技术人员亲身实践了这个方法。此后,它的效果开始慢慢显现出来。在未来文化研究所成员召开的调查结果说明会上,所有领域的技术人员为了寻求用户信息而聚集在了一起(图4-5)。

图 4-5　柯尼卡美能达公司实践的"调查结果说明会"

　　将观察、采访所得的信息共享给其他成员的"调查结果说明会"。白板上贴上照片和便笺笔记,重点是如实传递信息。参会人员来自各个部门:A 和 J 负责系统技术的研究开发;B 和 E 负责机器的产品研发;C 和 I 负责研发管理;F 负责设计;H 负责信息系统;K 负责市场。

03 实践！个人篇

"人种志"研究方法以有组织性的实践为前提。当然，或许有些技术人员想要尝试"个人实践"。虽然用户画像设计和原型制作难度有些大，但是通过亲自实践、实地考察（在实地进行观察和分析），实现的可能性还是有的。

实际上，许多实践企业在有组织地引入"人种志"研究方法前，会组织技术人员个人参与研修、学习实地考察的基础知识。例如，富士施乐公司组织了为期两天的HCD（Human Centered Design，人性化设计）讲座和一天的采访讲座，为技术人员提供了可以体验实地考察的机会。

具体介绍之前，我们先具体了解一下实地考察的概念。

如前文所述，实地考察的重点在于抽样。而且，其关注的不仅是人的行为，还有这个人所处的整个环境。

柯尼卡美能达技术中心未来文化研究室的成员说明了他们在观察过程中的关注点。具体内容如图4-6所示，其中最吸引眼球的是"贴纸"。例如，如果贴纸上写着"可循环再利用的纸张请放在这里"，就可以推测出"这家公司提倡节约用纸"。那么，究竟有多少人能做到这一点呢？从中可以挖掘出员工与企业之间的关系。

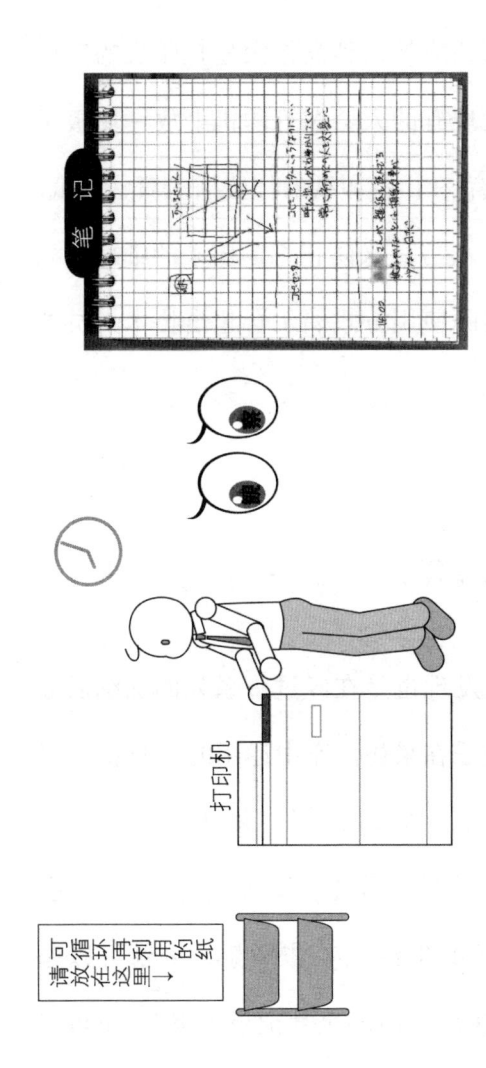

图 4-6　观察时的关注点（柯尼卡美能达技术中心未来文化研究室案例）

- 人和物之间的互动
- 早、中、晚物品的使用方法有何变化
- 从贴纸上的文字可以预测一些内容
- 如何实现物品使用的个人定制
- 使用物品前后的行动
- 前后行动的动机有何不同
- 环境形成的气氛
- 行动和采访中存在跑题的情况
- 流程中的错误或停滞

整理写出成员在观察时的关注点。关注点不限于以上内容。笔记内容与插图无关。

此外，关注每个人不同的使用习惯也很有趣。例如，该研究所的成员来到操作大型打印机的实地进行观察时，发现有的人会在打印机上放一块板子当作操作台，或者在出打印纸的位置插入筒状的纸。还有人会想出一些方法来防止打印出来的纸掉落到地上。用户的实际使用方式偶尔会超出技术人员的设想。

▶照片中的"无意识"

但是，这些发现也是在经过一系列的训练后才实现的。富士施乐在采访讲座中运用的"自拍"是最适合技术人员个人训练的方法［图4-7（a）］。

这个方法很简单。首先，要确定好一个主题，用照片记录自己的生活或工作场景。主题可以是"将物与人产生关联的时刻全部记录下来"，也可以是"记录这个人喝过什么吃过什么"。其次，拍摄的同时，在笔记本上写下当时的内容和地点，以及相关的人物信息。拍摄对象可以选择自己，也可以选择周围工作的同事或亲属。

讲座过程中出现过这么一个情况。拍照前，有一位技术人员夸下海口，声称："我工作的时候从不用纸，都是用电子文件。"但在实际拍照的过程中，照片里留下的全是其他部门提供给他的纸质资料。该讲座的讲师是该公司产品研发部用户界面设计研发部的莲池公威，他解释道："人的意识与现实是相悖的。通过自拍，我们能切身体会到'自我想象与现实的差距'。"

▶ "视野狭隘"

理光公司为得到同样的实验效果也实施了"自拍"的方法［图4-7（b）］。例如，2011年6月，该公司在画家渡边香奈的协助下创办了一间工作坊，可以体验画家是如何通过观察物品来进行绘画的。

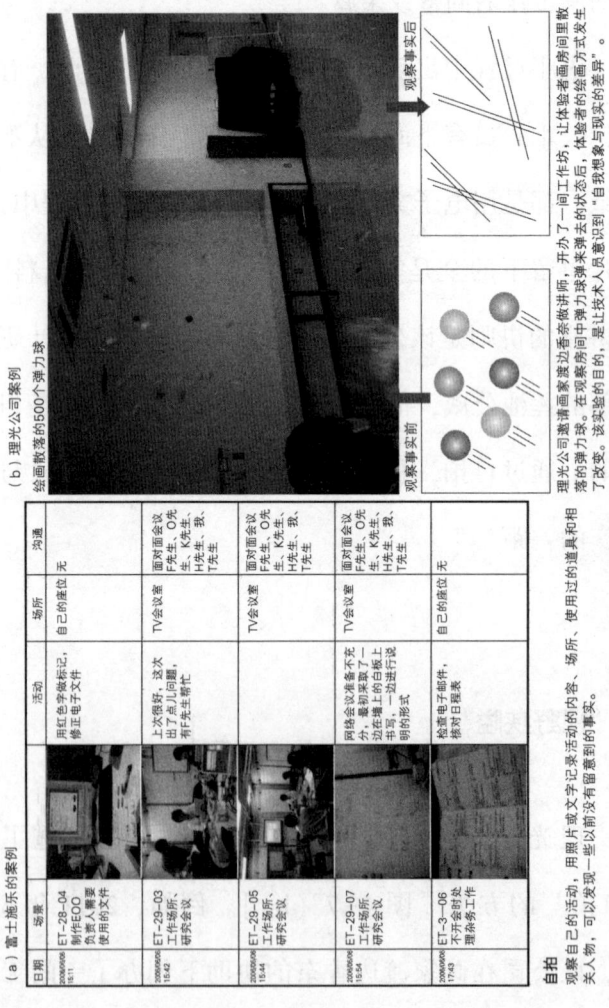

图4-7 改变技术人员观点的研修案例

首先，研究人员让体验者来画一下"如果房间里撒了500个弹力球，会变成什么样"。然后，实际撒出500个弹力球，让体验者观察球在屋里弹来弹去的情况。最后，让体验者重新画一遍。

实验的结果是，第一次绘画时，几乎所有的体验者都画了圆形的物体，而观察后，他们的画就变成了圆形物体相互交错移动的状态。这个实验的目的，是希望人们能自发地意识到自我想象与现实之间的差距。

换个角度来看，"摒弃想象的体验"同时也侧面证明了技术人员自我想象的意识很强。大阪天然气研究所的原技术人员、大阪天然气行动观察研究所所长松波晴人解释了技术人员易掉入的陷阱："一般而言，技术人员会对用户提出类似'我希望你们这样用它'的要求，或者喜欢说'用户这样做的理由一定是这样的'。他们习惯把自己的想法强加给他人。想要了解用户的真实想法有一点非常重要，那就是技术人员要拿出真心拜师的态度实地进行考察。"

技术人员的使命就是日复一日同技术和物品打交道、不断追求创新。但是，过于固执会导致视野狭隘，很容易给新思路套上枷锁。

柯尼卡美能达技术中心未来文化研究室的竹田真弓坦率地谈起了自己的切身感受："我还是技术人员的时候，我的领导总说'你要找一些新技术的研究课题'，那会儿我心里真的非常难受。如果是实践'人种志'研究方法的现在的我，一定能找到不同的答案。当年，我的视野真的太狭隘了。"

"精益制造"专家委员会

齐二石　天津大学教授（首席专家）

郑　力　清华大学教授（首席专家）

李从东　暨南大学教授（首席专家）

江志斌　上海交通大学教授（首席专家）

关田铁洪（日本）　原日本能率协会技术部部长（首席专家）

蒋维豪（中国台湾）　益友会专家委员会首席专家（首席专家）

李兆华（中国台湾）　知名丰田生产方式专家

鲁建厦　浙江工业大学教授

张顺堂　山东工商大学教授

许映秋　东南大学教授

张新敏　沈阳工业大学教授

蒋国璋　武汉科技大学教授

张绪柱　山东大学教授

李新凯　中国机械工程学会工业工程专业委会委员

屈　挺　暨南大学教授

肖　燕　重庆理工大学副教授

郭洪飞　暨南大学副教授

毛少华　广汽丰田汽车有限公司部长

金　光	广州汽车集团商贸有限公司高级主任
姜顺龙	中国商用飞机责任有限公司高级工程师
张文进	益友会上海分会会长、奥托立夫精益学院院长
邓红星	工场物流与供应链专家
高金华	益友会湖北分会首席专家、企网联合创始人
葛仙红	益友会宁波分会副会长、博格华纳精益学院院长
赵　勇	益友会胶东分会副会长、派克汉尼芬价值流经理
金　鸣	益友会副会长、上海大众动力总成有限公司高级经理
唐雪萍	益友会苏州分会会长、宜家工业精益专家
康　晓	施耐德电气精益智能制造专家
缪　武	益友会上海分会副会长、益友会/质友会会长

东方出版社

广州标杆精益企业管理有限公司

东方出版社助力中国制造业升级

书　名	ISBN	定价
精益制造 001：5S 推进法	978-7-5207-2104-2	52 元
精益制造 002：生产计划	978-7-5207-2105-9	58 元
精益制造 003：不良品防止对策	978-7-5060-4204-8	32 元
精益制造 004：生产管理	978-7-5207-2106-6	58 元
精益制造 005：生产现场最优分析法	978-7-5060-4260-4	32 元
精益制造 006：标准时间管理	978-7-5060-4286-4	32 元
精益制造 007：现场改善	978-7-5060-4267-3	30 元
精益制造 008：丰田现场的人才培育	978-7-5060-4985-6	30 元
精益制造 009：库存管理	978-7-5207-2107-3	58 元
精益制造 010：采购管理	978-7-5060-5277-1	28 元
精益制造 011：TPM 推进法	978-7-5060-5967-1	28 元
精益制造 012：BOM 物料管理	978-7-5060-6013-4	36 元
精益制造 013：成本管理	978-7-5060-6029-5	30 元
精益制造 014：物流管理	978-7-5060-6028-8	32 元
精益制造 015：新工程管理	978-7-5060-6165-0	32 元
精益制造 016：工厂管理机制	978-7-5060-6289-3	32 元
精益制造 017：知识设计企业	978-7-5060-6347-0	38 元
精益制造 018：本田的造型设计哲学	978-7-5060-6520-7	26 元
精益制造 019：佳能单元式生产系统	978-7-5060-6669-3	36 元
精益制造 020：丰田可视化管理方式	978-7-5060-6670-9	26 元
精益制造 021：丰田现场管理方式	978-7-5060-6671-6	32 元
精益制造 022：零浪费丰田生产方式	978-7-5060-6672-3	36 元
精益制造 023：畅销品包装设计	978-7-5060-6795-9	36 元
精益制造 024：丰田细胞式生产	978-7-5060-7537-4	36 元
精益制造 025：经营者色彩基础	978-7-5060-7658-6	38 元
精益制造 026：TOC 工厂管理	978-7-5060-7851-1	28 元

书　名	ISBN	定价
精益制造 027：工厂心理管理	978-7-5060-7907-5	38 元
精益制造 028：工匠精神	978-7-5060-8257-0	36 元
精益制造 029：现场管理	978-7-5060-8666-0	38 元
精益制造 030：第四次工业革命	978-7-5060-8472-7	36 元
精益制造 031：TQM 全面品质管理	978-7-5060-8932-6	36 元
精益制造 032：丰田现场完全手册	978-7-5060-8951-7	46 元
精益制造 033：工厂经营	978-7-5060-8962-3	38 元
精益制造 034：现场安全管理	978-7-5060-8986-9	42 元
精益制造 035：工业 4.0 之 3D 打印	978-7-5060-8995-1	49.8 元
精益制造 036：SCM 供应链管理系统	978-7-5060-9159-6	38 元
精益制造 037：成本减半	978-7-5060-9165-7	38 元
精益制造 038：工业 4.0 之机器人与智能生产	978-7-5060-9220-3	38 元
精益制造 039：生产管理系统构建	978-7-5060-9496-2	45 元
精益制造 040：工厂长的生产现场改革	978-7-5060-9533-4	52 元
精益制造 041：工厂改善的 101 个要点	978-7-5060-9534-1	42 元
精益制造 042：PDCA 精进法	978-7-5060-6122-3	42 元
精益制造 043：PLM 产品生命周期管理	978-7-5060-9601-0	48 元
精益制造 044：读故事洞悉丰田生产方式	978-7-5060-9791-8	58 元
精益制造 045：零件减半	978-7-5060-9792-5	48 元
精益制造 046：成为最强工厂	978-7-5060-9793-2	58 元
精益制造 047：经营的原点	978-7-5060-8504-5	58 元
精益制造 048：供应链经营入门	978-7-5060-8675-2	42 元
精益制造 049：工业 4.0 之数字化车间	978-7-5060-9958-5	58 元
精益制造 050：流的传承	978-7-5207-0055-9	58 元
精益制造 051：丰田失败学	978-7-5207-0019-1	58 元
精益制造 052：微改善	978-7-5207-0050-4	58 元
精益制造 053：工业 4.0 之智能工厂	978-7-5207-0263-8	58 元
精益制造 054：精益现场深速思考法	978-7-5207-0328-4	58 元
精益制造 055：丰田生产方式的逆袭	978-7-5207-0473-1	58 元

书　名	ISBN	定　价
精益制造056：库存管理实践	978-7-5207-0893-7	68元
精益制造057：物流全解	978-7-5207-0892-0	68元
精益制造058：现场改善秒懂秘籍：流动化	978-7-5207-1059-6	68元
精益制造059：现场改善秒懂秘籍：IE七大工具	978-7-5207-1058-9	68元
精益制造060：现场改善秒懂秘籍：准备作业改善	978-7-5207-1082-4	68元
精益制造061：丰田生产方式导入与实践诀窍	978-7-5207-1164-7	68元
精益制造062：智能工厂体系	978-7-5207-1165-4	68元
精益制造063：丰田成本管理	978-7-5207-1507-2	58元
精益制造064：打造最强工厂的48个秘诀	978-7-5207-1544-7	88元
精益制造065、066：丰田生产方式的进化——精益管理的本源（上、下）	978-7-5207-1762-5	136元
精益制造067：智能材料与性能材料	978-7-5207-1872-1	68元
精益制造068：丰田式5W1H思考法	978-7-5207-2082-3	58元
精益制造069：丰田动线管理	978-7-5207-2132-5	58元
精益制造070：模块化设计	978-7-5207-2150-9	58元
精益制造071：提质降本产品开发	978-7-5207-2195-0	58元
精益制造072：这样开发设计世界顶级产品	978-7-5207-2196-7	78元
精益制造073：只做一件也能赚钱的工厂	978-7-5207-2336-7	58元
精益制造074：中小型工厂数字化改造	978-7-5207-2337-4	58元
精益制造075：制造业经营管理对标：过程管理（上）	978-7-5207-2516-3	58元
精益制造076：制造业经营管理对标：过程管理（下）	978-7-5207-2556-9	58元

日本制造业・大师课
手机端阅读，让你和世界制造高手智慧同步

片山和也：
日本超精密加工技术
系统讲解日本世界级精密加工技术
介绍日本典型代工企业

国井良昌：
技术人员晋升・12 讲
成为技术部主管的 12 套必备系统

山崎良兵、野々村洸，等：
AI 工厂：思维、技术・13 讲
学习先进工厂，少走 AI 弯路

高田宪一、近冈裕，等：
日本碳纤材料 CFRP・11 讲
抓住 CFRP，抓住制造业未来 20 年的新机会

中山力、木崎健太郎：
日本产品触觉设计・8 讲
用触觉，刺激购买

高市清治、吉田胜，等：
技术工人快速培养・8 讲
3 套系统，迅速、低成本培育技工

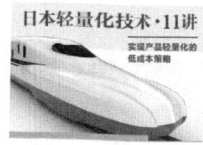

近冈裕、山崎良兵，等：
日本轻量化技术・11 讲
实现产品轻量化的低成本策略

内容合作、推广加盟
请加主编微信